धुंधली परछाई

डॉ मीनू पूनिया

pencil

ISBN 978-93-5667-120-1
© Dr Meenu Poonia 2022
Published in India 2022 by Pencil

Contributors:
Co-Author: Rajesh Poonia
Co-Author: Rajesh Poonia

A brand of
One Point Six Technologies Pvt. Ltd.
123, Building J2, Shram Seva Premises,
Wadala Truck Terminal, Wadala (E)
Mumbai 400037, Maharashtra, INDIA
E connect@thepencilapp.com
W www.thepencilapp.com

DISCLAIMER: *The opinions expressed in this book are those of the authors and do not purport to reflect the views of the Publisher*

Author biography

डॉ मीनू पूनिया, जन्म:8 मई 1989 भिवानी, हरियाणा
पति: राजेश पूनिया (महासचिव काव्या खेल गांव राजस्थान)
भाषाओं का ज्ञान : अंग्रेजी, हिन्दी, गुजराती
शिक्षा: स्नातकोत्तर (1 अंग्रेजी साहित्य 2 हिंदी साहित्य 3. समाजशास्त्र 4. लोक प्रशासन 5 राजनीतिक विज्ञान), बी.एड. ए.डी.सी.ए., सी.बी.आई.एल. डी.एस.पी. आर। कुल 250 (डिग्री, डिप्लोमा, सर्टिफिकेट कोर्स)
व्यवसाय : • सैन्ट्रल को ऑपरेटिव बैंक जयपुर में कार्यरत

खेल उपलब्धि: मार्शल आर्ट की अन्तराष्ट्रीय स्वर्ण पदक विजेता एवं पूर्व में राष्ट्रीय महिला क्रिकेट टीम की सदस्य।

रिकोर्डस एवं सम्मान: इण्डिया बुक ऑफ रिकोर्डस 2017, नेशन प्राईड बुक ऑफ रिकोर्डस 2019, वर्ल्डकिंग बुक ऑफ रिकोर्डस 2017, वर्ल्ड रिकोर्ड यूनिर्वसिटी लंदन से डॉक्टरेट की मानद उपाधि, इण्डियाज ग्रेट लीडर अवार्ड 2018, रेड एफ. एम 94.3 द्वारा सम्मानित, सशक्त नारी सम्मान 2019, विमेन ऑफ दी फ्यूचर अवार्ड 2019, अभिजना साहित्य सम्मान 2019, स्व सुमित्रानंदन पंत स्मृति साहित्य सम्मान 2020, कोरोना वॉरियर्स सम्मान 2020, हावर्ड मैडिकल स्कूल द्वारा आयोजित मैकेनिकल वैंटिलेशन फोर कोविड-19 सर्टिफिकेट 2020, वर्ल्ड बुक ऑफ रिकोर्डस युनाईटिड किंगडम 2020, ऐशिया बुक ऑफ रिकोर्डस 2021. गिनीज बुक ऑफ वर्ल्ड रिकोर्ड 2021, काव्य प्रभा कवि सम्मान 2020, उतराखंड, राष्ट्र भाषा गौरव सम्मान 2020, नई दिल्ली, अनुभूति साहित्य सम्मान 2020, उत्तराखंड, जयपुर रत्न सम्मान 2021, साहित्यनामा गौरव पुरस्कार 2021, कोरोना सम्मान, SHE INSPIRE AWARD, MENCHESTER, ENGLAND

व्यक्तित्व पर लेख: Future Visionary Leader For India, Global Elite Media Magazine Australia, हरफनमौला मीनू पूनिया, भारतीय खिलाड़ी बेटियां, ई मैगजीन हर स्त्री एक प्रेरणा

सम्पादित काव्य संग्रह: मेरे अहसास, व्यग्य की नई धार, आत्म जागरूक नारी स्मृद्ध भारत, कोरोना काल का काव्य चित्रण, सात्विक धारा 2022, साझा काव्य संग्रह (अभिजना, काव्य प्रभा, रिश्तों का ताना-बाना, दिव्य चेतना, अनुभूति, कहानियां, नई आवाज, कोरोना), UNLOCK YOUR PURPOSE HINDI VERSIONS

अनुक्रमणिका

मेरी कलम से :-

जगत जननी नारी को भगवान भी सिर झुकाता है, हे ! इंसान तूं क्यूं नहीं नारी को पहचानता है।"

नारी को इस जगत की जननी माना गया है। युगों युगों से हम नारी की महिमा सुनते आए हैं, फिर चाहे वह मां काली का रूप हो या माता सीता का। इतिहास ग्वाह है कि जब जब नर पर कष्ट बढ़ा नारी ने अपना सौम्य रूप धारण कर सबका उद्धार किया। मैंने अपनी इस पुस्तक को धुंधली परछाई का नाम दिया है। मैं ये मानती हूं कि नारी एक धुंधली परछाई के रूप में अपना योगदान हमेशा से देती आई है तथा आज भी अपनी जिम्मेदारी बखूबी निभा रही है। इस पुस्तक में ऐसी ही कई कहानियां अवतरित की गई हैं, जो नारी की महता पर प्रकाश डालती हैं। आशा करती हूं कि आप सब भी कहानियां पढ़ने के बाद पुस्तक के शीर्षक को भली भांति समझ पाओगे।

"नारी तुम महान हो, मानव की ही संतान हो,

रूप, रंग चाहे कुछ भी हो,तुम सबकी पहचान हो,

नारी तुम महान हो, नारी तुम महान हो।"

"नारी शक्ति"

ये कहानी है पालनपुर जगह की जो पहाडी के तट पर स्थित छोटा सा गांव है। यहां बस 15-20 परिवार ही निवास करते हैं। गांव में ही एक जोहड है जिसके किनारे बनी एक झोपड़ी में झुनिया अपने दो बच्चों और पत्नी के साथ रहता है। 2 भेड और 3 बकरियां ही उसकी अमानत हैं। बेटा-बेटी दोनो गांव के ही सरकारी स्कूल में पढ़ते हैं। बेटी तुलसी को शुरू से ही लडकों की तरह रहने का शौक था। पापा की लाडली थी तुलसी, सिर आंखों पर बिठा कर रखते थे।

 छोटे बाल, खुली सर्ट, हट्टी कट्टी कद काठी में बिल्कुल लडकों जैसी लगती थी। थोड़ा सा मौका मिलते ही बल्ला उठाकर गली में निकल पड़ती थी क्रिकेट खेलने। गांव वाले घरवालों से कहते ससुराल भेजना है लड़की को चूल्हा चौकी सिखाओ सारा दिन मोलड़ो की तरह गली में घुमती रहती है। तुलसी चुपचाप उनकी बात सुनती रहती और एक ही बात कहती यहां आप मत खेलने दो आगे ससुराल वाले नहीं खेलने देंगे। आपको मेरा खेलना पसन्द नहीं तो अपनी आखे बंद करलो। करना तो तुलसी बहुत कुछ चाहती थी लेकिन गरीबी रूपी केकडा आगे बढ़ने ही नहीं दे रहा था। समय गुजरता गया और तुलसी 12वीं कक्षा में आ गयी।

 परीक्षा प्रथम श्रेणी में पास की तो गांव वालों का मुंह कुछ समय के लिये बंद हुआ। स्नातक की पढाई करवाने के लिए पापा के पास पैसे नहीं थे, लेकिन वो भी तुलसी के सपने पूरे करना चाहते थे। झुनिया ने अपनी अमानत ग्रिवी रखदी तथा तुलसी का स्नातक में दाखिला करवा दिया। तुलसी आंखों में सपने लिये नये शहर में जा चुकी थी।तुलसी बस यहीं सोच रही थी कि पापा के अरमानों को पूरा करना है तथा अच्छे नंबरों से स्नातक पास करके स्कोलरशीप के पैसों से पापा की अमानत छुडवानी है।

पेपर की तारीख नजदीक आ गयी तथा तुलसी और अधिक मेहनत कर रही थी। एक दिन उसको एक किताब की आवश्यकता थी जो कॉलेज

पुस्तकालय में उपलब्ध नहीं थी। वह किताब लेने बाजार में निकल गयी। लौटते समय वह एक रोड दुर्घटना का शिकार हो गयी तथा पेपर देने लायक नहीं रही। डॉक्टर ने 6 माह का आराम बोल दिया। ग्रिवी रखी झुनिया की अमानत साहूकार के हिस्से में चली गयी। झुनिया का बेटा पीलिया से ग्रस्त हो गया तथा बिस्तर ही उसका भविष्य हो गया, क्योंकि उनके पास ईलाज के पैसे नहीं थे। झुनिया पर तो मानो मुसीबतों का पहाड़ टूट पड़ा।

4 माह बितने के बाद सरपंच ने अपने बेटे के जन्मदिन पर एक क्रिकेट प्रतियोगिता का आयोजन करवाया। तुलसी खेलने के लिये तैयार हो गयी घरवालों ने उसे खुब समझाया, लेकिन तुलसी ने एक ना सुनी और प्रतियोगिता में हिस्सा लेने के लिये मैदान में पहुंच गयी। लड़कों सी दिखने वाली तुलसी आज लड़कों के साथ खेल रही थी। देखते ही देखते तुलसी ने अपना अर्धशतक पुरा कर अपनी टीम को जीत दिलवायी । सरपंच ने खुश होकर तुलसी को 3100 रू का नकद पुरस्कार दिया जिससे उसने अपने पापा की अमानत को साहूकार के कब्जे से छुड़वा लिया। अब तुलसी खेल का अभ्यास करने लगी तथा भारतीय टीम में खेलने का सपना देखने लगी।

2 साल बाद उसका चयन राज्य की टीम के लिये हो गया। तुलसी बहुत खुश हुई। राज्य का प्रतिनिधित्व करते हुए तुलसी ने सर्वाधिक रन बनाकर वुमन ऑफ दी टूर्नामेंट का खिताब हासिल किया। ईनाम में मिले पैसे से तुलसी ने अपने भाई अलगु का ईलाज करवाया। अब अलगु अपने पैरों से चल सकता था।तुलसी के सपने पुरे होते से नजर आ रहे थे लेकिन नियती को कुछ और ही मंजुर था। तुलसी की मां को अचानक हार्ट अटैक आ गया तथा वह हमेशा के लिये तुलसी को छोड़कर चली गयी। गांव वालों के दवाब में आकर झुनिया ने तुलसी को बिना बताये उसका रिश्ता तय कर दिया।

जब तुलसी को पता चला तो वह बिना कुछ कहे नियती समझकर शादी के लिये तैयार हो गयी। शादी का दिन आ गया और तुलसी शादी कर अपने नये घर चली गयी। कुछ ही समय बाद तुलसी को पता चला

कि उसका पति नशे का आदी है तथा आए रोज शराब के नशे में घर में मार पीट करता। तुलसी की जिन्दगी नरक हो गयी थी। उसे कुछ समझ नहीं आ रहा था कि वह कहा जाये और क्या करे। इसी के साथ तुलसी को पता चला कि उसका पापा भी कैंसर की वजह से उसको छोड़कर हमेशा के लिये चले गये। तुलसी बिल्कुल टूट चुकी थी। इस घड़ी में तुलसी की ननद कादम्बरी जो कॉलेज में पढ़ती थी उसने तुलसी को संभाला तथा उसको पढाई करने के लिये प्रेरित किया।

कादम्बरी ने तुलसी का स्नातक फाईनल ईयर में दाखिला करा दिया । स्नातक की परीक्षा तुलसी ने पास करली थी, लेकिन भाग्य को कुछ और ही मंजूर था। तुलसी की सास ने सारी बात उसके पति को बता दी तथा उसने मार पीट करके तुलसी को घर से निकाल दिया।दूसरों के घर में बर्तन साफ करके तुलसी अपना गुजारा करने लगी। कादम्बरी ने तुलसी का पता लगाया कि वह कहां रहती है। वह रोजाना अपने कॉलेज को छोड़कर उस समय में तुलसी के पास जाती तथा उधार मांगकर लायी गयी किताबों से उसे पढ़ायी करवाती ।

एक दिन ऐसा आया कि दोनों ननद माभी जी.एन.एम की परीक्षा पास कर अच्छी नौकरी करने लगी तथा साथ-साथ एम.बी.बी.एस. की तैयारी करने लगी।समय के साथ तुलसी के अलगाव ने पति को भी सुधार दिया तथा वह तुलसी से मिलने को ललायित हो उठा। एक दिन उसका पति हीरा अपनी बिमार मां को चैक कराने अस्पताल गया। वहां उसकी मुलाकात तुलसी से हुई।

कुछ नहीं बोला हीरा बस तुलसी को बाहों में भरकर रोने लगा। तुलसी हीरा और मां तीनों अपने घर वापिस आ गये। अगले ही साल तुलसी ने एक प्यारी गुडिया को जन्म दिया। सभी बहुत खुश थे।तुलसी के अच्छे दिन भाग्य को मंजूर नहीं थे उसकी ननद कादम्बरी को सांप ने काट लिया तथा वह भी भगवान को प्यारी हो गयी। कादम्बरी की मौत ने सबको हिलाकर रख दिया।

तुलसी ने हिम्मत नहीं हारी। उसने खुद के साथ साथ सारे घर को संभाला। गुडिया धीरे-धीरे बडी हो रही थी तथा स्कूल जाने लगी थी। हीरा गुड़िया और बिमार मां को सभालता तथा तुलसी एग्जाम की तैयारी करती। आखिर वो दिन आ ही गया जिसका तुलसी को इंतजार था। तुलसी ने "जहां चाह वहां राह" के कथन को सही साबित किया एम.बी.बी. एस. का परिणाम आ गया तथा तुलसी अच्छी रैंक से उतीर्ण हो गयी। अब तुलसी अपने परिवार के साथ खुशहाल जीवन व्यतीत करने लगी। तभी कहा जाता है कि एक नारी जो ठान ले उसे पूरा करने से कोई भी रोक नहीं सकता।

" धुंधली परछाई ** एक छोटा उपन्यास "

वसन्त ऋतु का समय था वृक्षों पर फल-फूल लद गये थे ऐसा प्रतीत हो रहा था मानो प्रकृति सोलह श्रृंगार करके प्रिय का इंतजार कर रही हो। ठंडी हवा के मंद-मंद झोंके मानों वेदना को और बढ़ा रहे हो। चारों तरफ प्रेममयी वातावरण बना हुआ था। मेरा भी मन प्रकृति की गोद में बसे एक छोटे से गांव काशीपुर में अटका हुआ था। यह गांव नदी किनारे बसा हुआ था, जिसमें लगभग 40 परिवार निवास करते थे।मेरी घूमने की आदत मुझे एक दिन खींचकर इस गांव में ले गयी, जो आज तक मेरे जहन में बसा हुआ है। चारों तरफ फैले पहाड़, वृक्ष, तालाब तथा नदिया इस गांव की सुन्दरता में चार चांद लगा रहे थे। शहरी चकाचौंध से कोसों दूर यह बहुत शांत क्षेत्र था। सूरज की पहली किरण अभी-अभी धरती पर आई थी। मैं भी अपना सामान लेकर रेल्वे स्टेशन पर खड़ी थी। सामने से एक धीमी सी आवाज आ रही थी आईये आईये मेरा तांगा काशीपुर तक जायेगा, ज्यादा पैसे भी नहीं लगेंगे, टैक्सी से तो कम ही लूंगा। वह एक ही सांस के साथ ये सारी बातें कह गया था। बिना समय खराब करे मैं झट से तांगे में बैठ गयी। उबड़-खाबड़ रास्तों से नदी पर बने लकड़ी के पुल को पार कर लगभग दो घण्टे बाद मैं वहां पहुंच गयी थी, जहां प्रकृति साक्षात निवास करती थी।सूरज अभी निकला ही था तो किरणें चुभने वाली नहीं थी। रास्ते में मैने तांगे वाले से वहां रहने के लिये जगह पूछी तो उसने एक बुढिया का घर बताया, जो अकेली रहती थी। गांव पहुंचकर वह मुझे उस बुढ़िया के घर के सामने छोड़कर अपने पैसे लेकर निकल गया। जैसे ही मैनें कुंडी को बजाया अंदर से आवाज आई आओ आओ आ जाओ कौन है भाई आज इस बुढ़िया की कुटिया में किसने दर्शन दिये। मैनें का मैं हूं अम्मा किरण शहर से गांव घूमने आई हूं ईजाजत हो तो कुछ दिन आपके पास आपकी कुटिया में रह लूं। अम्मा बोली हां बेटा अन्दर आओ अपना ही घर समझो। मैं अपना झोला लेकर अंदर चली गयी।अंदर एक कोने में एक बकरी बंधी हुई थी तथा खूंटी पर स्वर्गीय पति की फोटो माला पहनाकर टांग रखी थी। एक कोने में मिट्टी का चूल्हा और 5-7 बर्तन सुव्यवस्थित तरीके से रखे हुए थे। दो दिन उनके साथ

बिताने पर पता चला कि उनका कोई सहारा नहीं था। बेटे-बहू नौकरी पेशा होकर शहर चले गये थे। पति फौज में थे, जो बॉर्डर पर शहीद हो गये थे। हर महीने बेटा कुछ पैसे गांव भेज दिया करता था, जिससे उसका गुजारा चलता था।सही मायनों में यह वह मां थी, जो हर हाल में अपने बच्चों को खुश देखना चाहती है। इनके लिये दूरी कोई मायने नहीं रखती। अपने स्वर्गीय पति की उन सभी सुनहरी और प्यारी यादों को आज भी अपनी कुटिया में संजोये हुए थी। इसी कुटिया में वह पहली बार अपने पति का हाथ पकड़कर नयी नवेली दुल्हन बनकर आयी थी वो अपनी जिंदगी से पूरी तरह संतुष्ट थी तथा किसी से कोई शिकायत और आस नहीं रखती थी। बस उस दिन अम्मा से मिलकर एकाएक ही मेरे मन से आवाज आई कि " धुंधली परछाई " जी हां आपने सही सुना ये धुंधली परछाई ही तो है, जो एक नारी का रूप धरे हुए है।

"नारी तुम महान हो,मानव की ही संतान हो,रूप, रंग चाहे कुछ भी हो,तुम सबकी पहचान हो,नारी तुम महान हो,नारी तुम महान हो।"एक नारी ही ऐसी परछाई है. जो धुंधली है मगर सारगर्भित है तथा अनेकों रूपों में अपनों के पीछे हमेशा चलती है।

***** एक दिन प्रभात में आंख खुल गयी मैं कुटिया के आगे बने मिट्टी के चौक में खाट पर लेटी हुई थी नींद खुलने पर मैं उठकर गांव में घूमने निकल गयी। आसमान में हल्की हल्की लालिमा छाई हुई थी मुर्गे बांग देकर गांव वालों को उठने का संदेश दे रहे थे। धीरे-धीरे गांव वाले उठकर अपनी दिनचर्यों में लग गये थे। आदमी कस्सी दराती उठाकर खेत जाने की तैयारी कर रहे थे तो महिलाएं पशुओं का दुध दुह रही थी। धीरे-धीरे सूरज की किरणे धरती पर पडना शुरू हो गयी थी। बच्चों के स्कूल जाने की तैयारी के साथ पूरे गांव में चहल-पहल हो गयी थी। थोड़ी सी आगे चलकर में गांव के सरपंच के घर के पास पहुंच गयी। अचानक से मुझे एक परछाई नजर आई, जो घूंघट किये गैस का गोबर उठा रही थी। तभी अचानक अन्दर से बच्चे के रोने की आवाज आई तो वह पास में ही बनी होद में हाथ धोकर अन्दर की तरफ भागती

है। बच्चे को चुप कराकर बिठाया ही था कि सरपंच की कड़क आवाज आई अरे ओ ठुकराइन जरा 10- 15 कप चाय बनाना मेहमान आये है। वह हा में गर्दन हिलाकर रसोई में चली जाती है रसोई में चूल्हा जलाने वाली लकड़ी नहीं थी तो फटाफट बाहर नोहरे में आकर लकड़ी लेकर वापिस चाय बनाने रसोई में जाती है। चाय बनाते बनाते उसे याद आता है कि बड़े बच्चे का स्कूल का समय हो गया तो वह जल्दी से बच्चे के लिये खाना बनाकर स्कूल के लिये तैयार करके उसकी उंगली पकडकर स्कूल छोड़कर आती है।स्कूल से लौटकर दोबारा पशुओं को चारा डालने लग जाती है। दोपहर का समय होने वाला है. सरपंच भी काम के सिलसिले में बाहर चला जाता है। दोपहर बाद तक ठुकराईन का काम पूरा होता है, तब तक बच्चे स्कूल से आ जाते हैं। ऐसे ही पूरे दिन भागमभाग में कार्य करती रहती है परछाई की तरह सबका कार्य पूरा कर पूरे परिवार को संभालकर अपना दायित्व निभाती है। वहीं पर खड़े-खड़े एक बार पुनः मेरे मूंह से निकलता है कि धुंधली परछाई और मैं वहां से लौट आती हूँ।

***** गुजरते समय मुझे एक घर से छोटे बच्चे की रोने की आवाज सुनाई पडी तो मैं वहीं खड़ी होकर देखने लगी। बच्चे की मां खेत में जाने वाले हाळी के लिये रोटी बना रही थी। जल्दी-जल्दी खाना बनाकर आटे से सने हाथों से ही भागकर छुटकू को अपनी गोद में ले लिया। मां के आंचल का स्पर्श मिलते ही वह सुबकना बंद हो गया था। अपनी प्यारी प्यारी बचकानी हरकतों से वह सबका दुलारा बना हुआ था। धीरे -धीर वह सोने के लिये आंख बंद करने लगा तो मां लोरी सुनाकर उसे सुलाने की कोशिश में लग गयी छुटकू को आंचल में समेटकर अपने पास होने का अहसास भी वह दिला रही थी। आहिस्ता-आहिस्ता मां और बच्चे दोनों को ही नींद आ जाती है। स्कूल से गुड़िया घर आती है तब दरवाजे की आहट से मां की आंख खुलती हैं। वह जैसे ही चारपाई से उठने लगती है, छुटकू करवटें बदलने लगता है। जैसे मानो उसको पता चल गया कि मां उसे अकेला छोड़कर जा रही हो। गुडिया भागी- भागी सीधी चारपाई के पास जाकरा छुटकू को सहलाती है, जिससे वह

दोबारा सो सके।देखते देखते वह गहरी नींद में सो जाता है। गुडिया स्कूल ड्रैस बदलकर हाथ-मूंह धोकर खाना खाकर स्कूल में दिया गया गृह कार्य करने लग जाती है। मां घर के और काम निपटाने में लगी है तथा गुडिया छुटकू की चारपाई के पास बैठकर ही पढ़ाई कर रही थी। बीच बीच में छुटकू को सहला रही थी, ताकि वो उठ ना जाये। यही तो है घुंघली परछाई कभी मां के रूप में तो कभी बहन के रूप में।

***** समय निकलता जा रहा था। सूरज अपने गंतव्य की तरफ बढ़ रहा था। आसमान में हल्की-हल्की लालिमा छाई हुई थी। धीरे-धीरे सूरज की रोशनी कम होती जा रही थी तथा अंधेरा बढ़ने लगा था। मैंने अपनी कुटिया में आकर नहा-धोकर खाना खाया। रात को गांव में लाईट चली जाती थी, इसलिये मैं बाहर बने चबूतरे पर खाट डालकर लेटी हुयी थीं। बादल अपनी छटा सितारों के साथ बिखेर रहा है। मेरे नयन भी आसमान की सुंदरता को निहार रहे थे। अतिशीघ्र ही मैं प्यारी सपनों की दुनिया में खो गयी। गांव में बहुत कम आदमी पढ़े-लिखे थे। ज्यादातर परिवार खेती-बाड़ी और मजदूरी करके आजीविका चलाते थे। गांव में ही एक परिवार रहता था, जिसका मुखिया घनसिंह था। धनसिंह का लंगोटिया यार गरीबदास भी इसी गांव में रहता था। दोनों का काम अपने नाम के बिल्कुल विपरित था धनसिंह के पिता की मृत्यू जल्दी हो जाने के कारण धनसिंह को पढाई छोडकर खेती का रास्ता अपनाना पड़ा। इसके विपरित गरीबदास अपने पिता का पुश्तैनी धंघा संभालने लगा। उसके पास पैसे की कोई कमी नहीं थी, जबकि धनसिंह को दो वक्त की रोटी भी नसीब नहीं हो रही थी। गरीबदास को पैसे का घमण्ड हो गया था, जिसके चलते दोनों में दुरिया बढ़ने लगी थी। इतेफाक से दोनों के घर एक ही दिन नन्हे मुन्हों की किलकारियां खिली। धनसिंह के घर प्यारी सी बेटी ने जन्म लिया तथा गरीबदास के घर बेटे ने धनसिंह मुनिया की जन्म की खुशी में प्रसाद चढाने मन्दिर गया तो गरीबदास वहां पप्पू के जन्म की खुशी में हवन करवा रहा था। वहां धनसिंह का गरीबदास और उसके चेलों द्वारा खूब मजाक उड़ाया गया कि घर में खाने के लाले पड़े हैं तथा बेटी की खुशी मना

रहा है। धनसिंह चुपचाप भगवान का आशिर्वाद लेकर घर वापिस आ गया। समय ऐसे ही बीतता गया तथा पप्पू और मुनिया 8 साल के हो गये। दोनो अलग-अलग स्कूलों में तीसरी कक्षा में पढ़ते थे।उसी समय धनसिंह के घर एक ओर बेटी का जन्म हुआ, जिसका नाम छुटकी रखा गया। समय के साथ-साथ छुटकी भी 5 साल की हो गयी थी तथा स्कूल जाने लगी थी। धनसिंहं की दोनों बेटिया गांव के ही सरकारी स्कूल में पढ़ती श्री तथा गरीबदास का बेटा पढने शहर जाया करता था। मुनिया हमेशा कक्षा में अव्वल रहती थी, इसके विपरित पप्पू पैसे के घमण्ड में चूर होकर आवारागर्दी करता रहता। गरीबदास भी मौका मिलते ही धनसिंहं पर ताने कसने से बाज नहीं आता था। अब मुनिया और पप्पू दोनों 10वीं कक्षा में आ गये थे। पप्पू स्कूल के अलावा ट्यूशन भी पढता था और मुनिया घर पर ही पढाई करती थी। दसवीं की परिक्षा में पप्पू फेल हो गया था तथा मुनिया पास हो गयी थी।

***** एक दिन प्रकृति ने अपना कहर इस गांव पर बरसाया गांव में बहुत भयकर बाढ़ आ गयी। चारों तरफ त्राही त्राही मच गयी थी। ज्यादातर गांव वाले बाढ़ की चपेट में आ गये थे जो थोड़े बहुत बचे थे, वो भी पलायन कर गये थे। धनसिंह के परिवार में छुटकी और स्वयं धनसिंह ही बचे थे घनसिंहं का मन गांव छोड़कर जाने का बिल्कुल भी नहीं था, लेकिन छुटकी की जिद्द पर वो भी पलायन कर गये चार दिन चलने के बाद दोनों मडगाव पहूचें, जहां कुछ बच्चे खेलते दिखाई दिये। उन्होनें गांव के सरपंच का पता पुछा तथा मिलने चले गये। सरपंच हवासिहं से बात करके वो उसी गांव में रहने लग गये तथा छुटकी ने गांव के ही सरकारी स्कूल में दाखिला ले लिया। सरपंच के साथ हुये इकरारनामें के अनुसार धनसिंह सरपंच के ही खेत में काम करने लगा। कार्य से मिलने वाली मजदूरी का आधा हिस्सा सरपंच काटकर आधा धनसिंहं को दे देता था, जिससे वह अपना और छुटकी का गुजारा चलाता था। धनसिंहं ने दिन-रात मेहनत कर खेत का एक छोटा सा टुकड़ा अपने नाम कर लिया था। अब वह सरपंच के यहां काम ना करके अपने खेत में ही खेती करने लगा छुटकी पढ़ाई के साथ-साथ

खेलों में भी हिस्सा लेने लगी। समय के साथ-साथ छुटकी ने दसवी की परीक्षा अच्छे नंबरों से पास करली तथा राष्ट्रीय स्तर की फुटबॉल टीम में अपना स्थान बनाया। अब छुटकी आगे की पढ़ाई करने के लिये शहर चली गयी थी।एक दिन धनसिंह खेत में काम कर रहा था, तभी एक जहरीले सांप ने उसे डस लिया। शाम होते होते वह स्वर्ग सिधार गया। गांव वालों ने आपसी सहमति से बिना छुटकी को सूचना दिये उसका दाह संस्कार कर दिया। लगभग एक माह बाद दो दिन के होली के अवकाश में जब छुटकी अपने गांव आई तब उसे वास्तविक स्थिति का पता चला छुटकी एकदम से टूट गयी थी। उसके जीवन का एकमात्र सहारा उसका पिता उसे छोड़कर जा चूका था। छुटकी गांव के सरपंच के पास गयी तथा सारे वाकये के बारे में पूछा। सरपंच ने बताया कि कैसे घटना हुई तथा मजबूरीवश बिना सूचना दिये यह सब करना पड़ा। छुटकी ने सरपंच से विनती कर अपना खेत बेचने को कहा तो सरपंच सहमत हो गया। सरपंच ने छुटकी को खेत के टूकड़े के बदले कुछ पैसे दे दिये तथा छुटकी गांव को छोड़कर शहर चली गयी वहां पहुंचकर छुटकी को पता चला कि नेशनल प्रतियोगिता में उच्च स्तर के प्रदर्शन के चलते उसका चयन भारतीय टीम में हो गया है छुटकी को ना तो खुशी हो रही थी और ना ही गम वह एकदम से पत्थर बन गयी थी हरदम चूलबूली रहने वाली छुटकी बिल्कुल शांत हो गयी थी।वह अब किसी के साथ बोलना भी पसंद नहीं करती थी। उसके साथ हॉस्टल में रहने वाली उसकी दोस्त प्रियंका को सारी स्थिति का पता चला तो उसने छुटकी को खूब समझाया। उसके समझाने का छुटकी पर कुछ भी असर नहीं हुआ, लेकिन प्रियंका ने हार नहीं मानी। उसने अपना प्रयास जारी रखा। पत्थर की तरह अपने कमरे में दिवार के सहारे खडी छुटकी को प्रियंका ने सहारा दिया तथा आगे की प्रतियोगिता की तैयारी के लिये भी समझाया। धीरे-धीरे छुटकी ने दोबारा मैदान में जाना शुरू कर दिया। स्वयं को संभाल कर आगामी प्रतियोगिता की तैयारी में जूट गयी। खेल के मैदान से लेकर कॉलेज की पढ़ाई तक प्रियका परछाई की तरह छुटकी के साथ रहती थी इतनी विपरित परिस्थितियों में भी हार ना मानकर दोनों छुटकी के लक्ष्य की तरफ बढ़ती रही। आखिर वह दिन भी आ ही गया, जिस दिन मेहनत का रिजल्ट का दिन था आज

उसका फुटबॉल प्रतियोगिता का फाईनल मैच था। स्टेडियम दर्शकों से खचाकच भरा हुआ था। इसी भीड़ के बीच उसकी परछाई प्रियंका भी हौंसला आफजाई के लिये बैठी हुयी थी। आखिर वहीं परिणाम आया, जिसका सबको इंतजार था। छुटकी की अगुवाई में भारतीय टीम गोल्ड मैडल जीत चुकी थी। एक बार फिर अहसास हुआ धुंधली परछाई का एक प्रियका के रूप में तो एक छुटकी के रूप में।

***** मडगांव के ही सरकारी स्कूल के मुख्याध्यापक रतिराम के दो बेटी तथा एक बेटा था, जिनको वह हर सुख-सुविधा मुहैया करवाता था। रतिराम के तीनों बच्चे लक्ष्मी, सरिता और पवन बचपन से ही बहुत होशियार थे। रतिराम स्वयं सरकारी स्कूल में पढाता था, लेकिन उसने तीनों बच्चों को शहर के प्राईवेट स्कूल में भेज रखा था। पवन के साथ दोनों बेटियों को भी शहर में पढ़ाने के लिये गांव वाले एतराज भी करते थे। रतिराम अपनी बेटियों को अपनी परछाई समझता था, इसलिये किसी की सुनने को तैयार नहीं था। धीरे-धीरे बच्चे बड़े हो रहे थे तथा अलग-अलग क्षेत्रों में उनकी रूचि बनने लगी थी। सरिता को भौतिकतावाद अपनी तरफ खींच रहा था, तो लक्ष्मी का ध्यान साहित्य में रम गया था। पवन पढाई के बाद आर्मी में भर्ती होकर देश सेवा करना चाहता था। धीरे-धीरे सरिता का मन पढाई से हटने लगा तथा शहरी चकाचौंध में गुम गई। पवन स्नातक की परीक्षा उतीर्ण कर आर्मी की तैयारी करने लगा। लक्ष्मी का पूरा ध्यान हिन्दी साहित्य में लगा हुआ था। दो साल बाद पवन आर्मी में भर्ती हो गया था।लक्ष्मी और सरिता दोनों ही बहुत सुन्दर थी। रिश्तेदार और जान-पहचान वाले दोनों बहनों की शादी के लिये रिश्ते बताने लगे। एक दिन शहर से एक अमीर घराने के लड़के का रिश्ता आया तथा एक पड़ोसी गांव पालनपुर से शहर से साहूकार का बेटा सुधीर सरिता की सुन्दरता पर मोहित था, जबकि जमीदार का बेटा गोपाल लक्ष्मी की शालीनता पर दोनों का रिश्ता तय हो गया। तय समय पर बारात मडगांव पहुंच चूकी थी शादी की सभी रस्में निभाकर रतिराम और उसकी पत्नी धन्नो विदाई के लिये खड़े थे। सरिता साहूकार के बेटे सुधीर के साथ महंगी कार में बैठकर स्वयं को

किस्मत वाली मान रही थी। लक्ष्मी चुपचाप सिर झुकाए गोपाल के साथ जाने को तैयार थी। हल्की-हल्की बारिश शुरू हो गयी थी मानों बादल भी विदाई पर अपनी भांप निकाल रहे हों। पीछे से शहनाई की मधुर आवाज कानों में गूंज रही थी। पवन भी बहनों से विदाई लेते समय भावूक दिख रहा था। धीरे-धीरे गाड़ी आगे बढ़ती जा रही थी तथा दोनों बहनों की बाबूल के घर से विदाई हो गयी थी। पवन भी दोबारा अपनी ड्यूटी पर चला गया था।

***** सरिता अपनी पढाई छोडकर पूर्ण रूप से शहर की भौतिकतावाद की दुनिया में खो गई थी। थोड़े दिनों तक सब कुछ सही चलता रहा तथा सरिता ने भी पैसे के घमण्ड में सब रिश्तेदारों और दोस्तों से नाता तोड़ लिया था। लगभग छ: माह बीतने के बाद सरिता को अकेलापन महसूस होने लगा। वह गर्भवती थी तथा उसकी देखरेख के लिये सिर्फ नौकर-चाकर और पैसे ही थे। परिवार वाले सारे पैसे कमाने की होड़ में बहुत कम घर पर रहते थे। सुधीर भी देर रात तक घर नहीं आता था। एक दिन सरिता के ससूर ओमप्रकाश ने सरिता को कहा कि सुधीर व्यापार में मेरा हाथ भी नहीं बंटाता तथा घर पर भी नहीं रहता। बैंक अकाउंट से पैसे निकालकर सारे खर्च भी कर देता था। एक दम से ये सब सुनकर सरिता को कुछ समझ में नहीं आ रहा था। रात को सुधीर घर आया तब सरिता ने पूछने के कोशिश की तो वह जोर-जोर से चिल्लाने लग गया तथा गुस्से में घर से बाहर चला गया। उस दिन वह गलती से अपना बैग घर भूल गया, जिससे सरिता को पता चला कि सुधीर नशे का आदी हो गया था। पिताजी की कमाई के सारे पैसे नशे में ही उड़ाए जाते थे। अब तो सरिता को अपनी जिंदगी नीरस लगने लगी थी। दरअसल सरिता भी पैसे के घमण्ड में आकर पाटियों में रहने लगी थी तथा दोनों ने ही एक दूसरे को समय नहीं दिया था। शायद यही वजह थी कि सुधीर बाहर जाकर दोस्तों के साथ नशा करने लग गया था। सरिता अंदर से बिल्कुल टूट चूकी थी। उसने स्वयं को एक कमरे तक ही सीमित कर लिया था। सरिता ने बहुत बार सुधीर से बात करने का प्रयास किया, लेकिन हर बार

बातचीत लड़ाई पर जाकर खत्म हो जाती थी। इसी बीच सरिता ने बेटे रजनीश को जन्म दिया। सुधीर को रजनीश अच्छा तो लगता था, लेकिन नशे की लत की वजह से वह घर से बाहर निकल जाता था तथा ज्यादातर समय बाहर ही बीताता था। बाहरी दुनिया और नशे की लत ने सुधीर को अपने पंजे में जकड़ रखा था बच्चे की डिलीवरी और मानसिक परेशानी के चलते धीरे धीरे सरिता का स्वास्थ्य बिगड़ने लगा। अब तो सरिता किस्मत से ज्यादा स्वयं को दोषी मान रही थी कि शायद इसका कारण वह स्वयं ही है। इन सबके बावजूद सरिता ने हार नहीं मानी और लगातार सुधीर को समझाने के प्रयास में लगी रही। जब भी सुधीर घर आता सरिता उसके पास जाकर बैठ जाती तथा उसे समझाने का प्रयास करती हर बार सुधीर सरिता को झिड़क देता था। कई बार तो सुधीर सरिता पर हाथ भी उठा देता था। सरिता ने सोच लिया था कि चाहे कुछ भी करना पड़े, लेकिन वह सुधीर की लत छुडवाके ही रहेगी। आखिर एक दिन ऐसा भी आया जब सरिता को लगा कि अब सुधीर में कुछ थोड़ा सा बदलाव आना शुरू हुआ है, तो उसे बहुत खुशी हुई। अब सरिता और ज्यादा कोशिश करने लगी कि सुधीर के साथ समय बिताये। समय के साथ-साथ सुधीर को रजनीश और सरिता का साथ भी अच्छा लगने लगा था। सरिता परछाई की तरह सुधीर के साथ रहती थी। शायद इसी वजह से उसने नशे की आदत को भी कुछ हद तक कम कर लिया था।

सुधीर सरिता के समर्पण को देखकर अब सुधरने लगा था। वह अपने मन की बात भी सरिता के साथ बांटने लगा था। धीरे-धीरे उसने पिताजी के कारोबार में हाथ बंटाना भी शुरू कर दिया था। तभी तो कहा जाता है कि यह नारी रूपी धुंधली परछाई ही तो थी, जिसने पत्थर तक को बदलकर जिम्मेदार बेटा, पति और पिता बना दिया।

***** लक्ष्मी भी गोपाल के साथ गाड़ी में बैठकर अपनी ससुराल पालनपुर जाने के लिये तैयार हो चूकी थी। धीरे-धीरे उनकी गाड़ी मायके से विदा हो चुकी थी। लक्ष्मी ने अपने नये घर में कदम रखा गोपाल की मां उसे बचपन में ही छोडकर स्वर्ग सिधार गयी थी, तो

मौसी सूरजकौर ने लक्ष्मी को गाड़ी से उतारकर नये घर में प्रवेश करवाया। सूरजकौर ने लक्ष्मी को सारे घर के कायदे नियम समझाये तथा सबसे मिलवाया। बातों ही बातों में सूरजकौर ने लक्ष्मी को कह ही दिया कि बचपन से गोपाल को बेटे की तरह पाला है और इस परिवार को बिखरने से बचाया है। अब तूं आ गयी है तो मेरी जिम्मेदारी भी खत्म हो गयीं। अब तुम इसे अपने दुलार और कम से महकाना। इतना सुनते ही लक्ष्मी की आंखों में पानी आ गया। वह बोली मैं हमेशा आपके आर्शिवाद रूपी हाथों को अपने सिर पर देखना चाहती हूं। मैं आपकी ही छाया में रहना चाहती हूं लेकिन वह दस पांच दिन रहकर अपने घर चली गयी जो गांव से दूर शहर में था। लक्ष्मी गोपाल के साथ मिलकर दिन-रात खेतों में मेहनत करती तथा ससूर की सेवा करती। सभी गांव वाले लक्ष्मी की तारिफ करते करते नहीं थकते थे। उस साल गांव में अकाल पड़ गया था, जिससे उनकी सारी फसल खराब हो गयी थी। इस सदमे को गोपाल के पिता सहन नहीं कर पाये तथा हार्ट अटैक से उनकी मृत्यू हो गयी। पिता का साया सिर से उठने के बाद गोपाल भी गूमसुम रहने लगा। अब गोपाल और लक्ष्मी दोनों ही एक दूसरे का सहारा थे। अब तो हालात बहुत खराब हो गये थे तथा दोनों के खाने के भी लाले हो गये थे। इसी बीच भगवान ने एक ओर दुख लक्ष्मी के भाग्य में लिख दिया। अचानक से गोपाल को लकवे ने जकड़ लिया तथा शरीर के एक हिस्से ने काम करना बंद कर दिया। लक्ष्मी बिल्कुल अकेली पड़ गयी थी जमा पूंजी रूपी एक खेत का टुकड़ा और दो कमरों का घर था, वो भी गोपाल के ईलाज में साहूकार के यहां ग्रिवी रखने पड़े। अब तो लक्ष्मी को कोई भी रास्ता नहीं सुझ रहा था। एक रात अचानक से लक्ष्मी की आंख खुली तो देखा कि गोपाल हाथ में चाकू लिये स्वयं को मारने की कोशिश में लगा था। लक्ष्मी ने भागकर हाथ से चाकू छिना, तो गोपाल रोने लग गया। सुबकते-सुबकते बोला मैनें तुम्हे हमेशा दुख ही दिये हैं और आज मैं चारपाई पर बोझ बन कर पड़ा हुआ हूं। इससे अच्छा तो भगवान मुझे मौत दे दे। लक्ष्मी ने गोपाल का हाथ अपने सिर पर रखकर कसम ली कि आगे कभी ऐसी बात नहीं करेंगे। अगले ही दिन सुबह लक्ष्मी सरपंच के यहां अपनी शादी के गहने लेकर पहुंची तो वह चौंक गया। सरपंच के बोलने से पहले ही लक्ष्मी

बोल पड़ी। सरपंच साहेब मेरी हाथ जोड़कर आपसे विनती है कि मेरे गहने अपने पास अमानत के रूप में रखलो और मुझे थोड़ी सी जमीन उधार दे दो, जिसमें में बच्चों का स्कूल खोल सकूं। सरपंच व्यवहार में थोड़ा सही था तो बस हां में सिर हिलाकर कागज पर लिखकर थोड़ी सी जमीन दो साल के लिये उधार दे दी। लक्ष्मी उसमें गांव के बच्चों को पढ़ाने लगी। लक्ष्मी के मेहनत और जज्बे को देखकर धीरे-धीरे पड़ोसी गांव के बच्चे भी उसने आने लगे। बच्चों में पढ़ाई के प्रति लगाव और लक्ष्मी का समर्पण देखकर गांव वालों ने चंदा एकत्रित कर लक्ष्मी के गहने सरपंच से छुडवाकर लक्ष्मी को दे दिये। गांव वालों का साथ पाकर लक्ष्मी ने ओर अधिक मेहनत करनी शुरू कर दी सभी बच्चे मन लगाकर स्कूल में पढ़ने लगे तथा परीक्षा में भी अच्छा परिणाम आने लगा। लक्ष्मी ने अब पढ़ाने के साथ-साथ स्वयं भी हिन्दी साहित्य पी.एच.डी में दाखिला ले लिया, जो उसके बचपन का सपना था कोर्स पुरा करते ही लक्ष्मी को सरकारी नौकरी मिल गयी थी तथा गोपाल का ईलाज भी सरकारी खर्चे पर हो रहा था। अच्छे डॉक्टर से ईलाज मिलने के कारण गोपाल धीरे-धीरे सही होने लगा था। अब दोनों सुखपूर्वक अपना जीवन बिताने लगे थे। यही तो है धुंधली परछाई, जो मौत के मुंह से अपने गोपाल को निकाल लायी।

***** रतिराम भी अब मुख्याध्यापक से रिटायर हो गया था तथा स्वास्थ्य बिगड़ने से बीमार रहने लगा था। शहर में रह रहे सेवाराम के परिवार से दिव्या का रिश्ता पवन के लिये आया तो रतिराम ने आनन-फानन में रिश्ता तय कर दिया। सेवाराम की बेटी दिव्या भारतीय वायूसेना में बतौर पायलेट कार्यरत थी। गांव वालों ने रिश्ते की भनक लगते ही ईधर-उधर की बातें बनाना शुरू कर दी थी। कोई कहता इतने अमीर खानदान में रिश्ता करना सही नहीं है, तो कोई कहता कि शहर की छोरी है गांव में कैसे टिकगी। कई लोग ये भी कहने लग गये थे कि इतनी बड़ी नौकरी में लगी कभी तुम्हारी सेवा नहीं करेगी। या ये कहें कि सौ मुंह हजार बातों वाली स्थिति पैदा हो गयी थी। रतिराम चुपचाप बस सबकी सुनता रहा। इसी बीच एक दिन रात को रतिराम आंगन में

चारपाई पर लेटा एकटक आसमान की तरफ देख रहा था, मानों कुछ सवाल पूछ रहा हो। धन्नो भी बहुत देर से रतिराम की बेचैनी को देख रही थी। लगभग एक पहर बीत जाने के बाद धन्नो रतिराम के पास आकर बैठ गयी तथा मन की व्यथा को पूछने का प्रयास किया जैसे रतिराम धन्नो के पूछने का ही इंतजार कर रहा हो। सहसा रतिराम की आंखें भर आईं तथा बोला अब तो ऐसा मन कर रहा है कि पवन के लिये कोई पड़ोसी गांव में ही रिश्ता देख लूं तथा दिव्या के साथ रिश्ता तोड़ दूं।अब तो गांव वालों के तानों से परेशान सा हो चूका हूँ। बस इतना कहना था कि धन्नो ने रतिराम को समझाया। बेवजह क्यों अनाप -सनाप बोले जा रहे हो। जो बेचारी अभी ब्याह के घर आई ही नहीं है, उसके बारे में गलत बोलना और सोचना कहा कि समझदारी है। सिर्फ गांव वालों की निरर्थक बातों से उसे स्वीकारने से पीछे हट रहे हो। बीच में ही रतिराम बोल पड़ा कह तो तू सही रही है, फिर भी दिल के एक कोने में थोड़ा सा भय आ रहा है कि अगर गांव वालों की बात सही हुई तो? धन्नो लगातार रतिराम को समझाती रही। आखिर रतिराम को धन्नों के आगे झुकना पड़ा तथा ब्याह की तारिख तय करने के लिये पंडित के पास चला गया। अगले ही माह के दुसरे सप्ताह का ब्याह का शगुन था तो दोनों जोर-शोर से तैयारियों में लग गये पवन भी छुट्टी लेकर घर आ गया था तथा लक्ष्मी और सरिता भी ससुराल से अपने मायके आ गयी थी। चाची ताई पवन का तेल उतार रही थी तो दोस्त भी यार की शादी में जमकर शोर मचा रहे थे। तय तारिख में शादी की रस्में शुरू कर घुड़चढ़ी के लिये घोड़ी द्वार पर खड़ी थी। गाजे-बाजे के साथ घुड़चढ़ी की रस्म पूर्ण कर बारात दुल्हन के घर के लिये प्रस्थान कर चुकी थी। दिव्या पवन की दुल्हन बनकर तैयार हो गयी थी तथा दुल्हा बने पवन का चेहरा सबसे पहले देखने के लिये अपनी छत पर खड़ी थी। दिव्या को पटाखों की आवाज सुनना शुरू हो गयी थी, तो अंदाजा लग गया था कि बारात पहुंचने ही वाली है। जैसे-जैसे पटाखों की आवाज तेज होती जा रही थी, दिव्या के दिल की धड़कन और ज्यादा बढ़ती जा रही थी। बस कुछ ही पल के इंतजार के बाद पवन का चेहरा दिव्या की नजरों के सामने था साजन का दिदार पाकर दिव्या नीचे आ गयी थी। बारात दरवाजे पर पहुंच चूकी थी। बारात का स्वागत कर अन्दर लाया

गया। धीरे-धीरे सारी रस्म पूर्ण कर विदाई का समय आ गया था। सेवाराम अपनी पत्नी धनकौर और दोनों बेटो रविदास और रत्नसिंह के साथ दिव्या की विदाई करने के लिये दरवाजे पर खड़ा था। नम आंखों से सेवाराम ने अपने कलेजे के टुकड़े को ससूराल विदा कर दिया था तथा जाती हुयी बारात को एकटक देख रहे थे, जब तक कि सारी गाडियां आंखों से ओझल ना हो गयी। शादी के तीन माह बाद पवन अपनी छुट्टी पूरी कर वापिस ड्यूटी पर चला गया था। रतिराम की तबीयत भी ज्यादा बिगड़ती ही जा रही थी। पवन को भी गये लगभग 8 माह बीत गये थे।दिव्या ने एक बेटी को जन्म दिया, जिसका नाम परी रखा गया। पवन को भी परी के जन्म की सूचना दी गयी, जिससे वह फूला नहीं समाया पवन अपनी बेटी को देखना चाहता था, लेकिन छुट्टी नहीं मिलने के कारण ऐसा संभव नहीं हो सका। धीरे-धीरे परी एक साल की हो गयी थी तथा दिव्या का भी दोबारा ड्यूटी ज्वाईन करने का समय आ गया था। दिव्या अपने सास-ससूर के पैर छुकर आशीर्वाद लेती है तथा ड्यूटी जाने के लिये रेलवे स्टेशन की तरफ प्रस्थान करती है। दिव्या को घर से जाए सिर्फ एक माह ही हुआ था कि धन्नो की तरफ से दूरभाष पर बताया गया कि रतिराम की हालत ज्यादा खराब हो गयी है तथा आईसीयू में भर्ती है। पवन को फौज से छूट्टी नहीं मिली तो धन्नो बहुत ज्यादा परेशान हो गयी। दिव्या बिना किसी को कुछ बताये फटाफट नौकरी से रिजाईन देकर अपने घर आ गयी। गांव पहुंचकर वह सीधी अस्पताल गयी जहां रतिराम को भर्ती कर रखा था। धन्नो ने जब दिव्या को देखा तो स्तब्ध रह गयी। वह कुछ पूछती इससे पहले ही दिव्या ने मूह पर हाथ रखकर बस इतना बोली कि मां आप परी को संभालों मैं अभी डॉक्टर से मिलकर आती हूं। डॉक्टर ने दिव्या को बताया कि रतिराम की दोनों किडनी फेल हो गयी हैं, जिसकी वजह से अब उनका ओर अधिक जीना मुश्किल है। धन्नो ने भी छुपकर दोनों की बात सुन ली थी, जिससे वह वहीं गिरकर बेहोश हो गयी। परी भी पास में ही बैठकर रोने लग गयी आवाज सुनकर डॉक्टर और दिव्या बाहर भागे आये तथा धन्नो को भी ग्लूकोज लगाया गया। दिव्या ने डॉक्टर से निवेदन किया कि अगर एक किडनी से रतिराम की जान बचाई जा सकती है तो वह अपनी किडनी देने को तैयार है। डॉक्टर ने दिव्या को

खूब समझाया कि आगे बहुत जिंदगी पड़ी है, एक किडनी के सहारे कैसे चलेगी।लेकिन दिव्या अपनी जिद्द पर अड़ी रही तथा डॉक्टर किडनी बदलने पर राजी हो गये। दिव्या को ऑपरेशन थियेटर ले जाया गया तथा ऑपरेशन शुरू किया गया। उधर पवन भी जैसे तैसे करके 5 दिन की छुट्टी लेकर अस्पताल पहुंच चूका था। सबसे पहले पवन को धन्नो के पास ले जाया गया। मां को बिस्तर पर देखकर वह विचलित हो उठा। पवन को दिव्या के बारे में भी नहीं पता था कि वह भी अस्पताल में है।धन्नो ने बताया कि दिव्या डॉक्टर के पास गयी थी, अभी तक आई नहीं है, तो पवन को कुछ समझ में नहीं आया। धन्नो ने बताया कि दिव्या बिना बताये अचानक ही ड्यूटी से वापिस आ गयी थी। कुछ देर बाद पवन रतिराम से मिलने के लिये जाने लगा तो उसे बताया गया कि वह ऑपरेशन थियेटर में है, जहां किडनी लगायी जा रही है। पवन ने इस बारे में पूछना चाहा तो किसी ने कुछ नहीं बताया कि किडनी किसने दी है। दरअसल दिव्या ने डॉक्टर से पहले ही निवेदन कर दिया था कि किसी को इस बारे में ना बताया जाये। किडनी प्रत्यारोपण होने के बाद रतिराम होश में आ जाता है तथा सबको मिलने के लिये बुलाया लिया जाता है। दिव्या को भी अस्पताल में बिस्तर पर लेटे देखकर सब और अधिक डर जाते हैं। आखिर में डॉक्टर ने सबको हकीकत से वाकिफ करवाया किया कि दिव्या नौकरी छोड़कर आयी है तथा रतिराम को अपनी एक किडनी दी है, जिससे वह स्वस्थ है। ऐसा सुनते ही रतिराम की आंखों में आसू आ जाते हैं तथा पवन को दिव्या पर बहुत गर्व महसूस हुआ वहीं कोने में खड़ा डॉक्टर मासूम नजरों वाली दिव्या को मन ही मन सलाम कर रहा है तथा कहीं से एक आवाज सुनाई पड़ती है कि यही तो है" धुंधली परछाई ।

***** दिव्या के पिता सेवाराम को दोनों बेटो रविदास और रत्नसिंह के भविष्य की चिंता सताये जा रही थी। बड़ा बेटा रविदास इस संसार से दूरी बनाकर महात्मा बनना चाहता था, तो छोटा बेटा रत्नसिंह बचपन से ही अपाहिज था वह कोई काम धंधा भी नहीं करता था। कोई भी उन्हें लड़की देने को तैयार नहीं था। सेवाराम ने अपने जान

पहचान वालों से प्रार्थना कर रविदास को नौकरी दिलवाई, लेकिन रविदास का

ध्यान सांसारिक मोह माया में बिल्कुल भी नहीं लगता था अतः वह नौकरी छोड़कर दोबारा घर आ गया। सबने लाख समझाया, लेकिन उसने एक ना सुनी सेवाराम भी धीरे-धीरे बूढा हो चला था। कुछ ही दिन पहले रविदास की मां धनकौर का भी देहान्त हो गया था। एक दिन अचानक दूर-दराज के रिश्तेदार का खत आया कि उसका मित्र प्रभूदयाल अपनी दोनो लड़कियों चमेली और मूर्ति का रिश्ता रविदास और रत्नसिंह के साथ करना चाहता है। यह पढकर सेवाराम फूला नहीं समाया बड़ी मुश्किल से समझा-बुझा कर रविदास को शादी के लिये तैयार किया तथा चट मंगनी पट ब्याह की तर्ज पर शादी की तारीख भी तय कर दी।घर में शादी का माहौल बन गया था। दिव्या पवन परी की शादी में पहुंच चुके थे। बारात पड़ोसी गांव बीजक पहुंच चुकी थी। वधू पक्ष के सभी बारात के स्वागत में खड़े थे। धीरे- धीरे शादी की रस्म शुरू की गई। शादी की सभी रस्में पूर्ण कर चमेली और मूर्ति रतनसिंह और रविदास के साथ ससुराल विदा हो गई थी। ससुराल में सास के ना होने की वजह से सारी रस्में दिव्या ने निभाई।2 दिन पश्चात दिव्या और पवन को शादी की मिठाई देकर विदा किया गया। मूर्ति पेशे से डॉक्टर थी जिसकी शादी रविदास के साथ हुई थी। शुरू शुरू में तो मूर्ति को लगा कि रविदास का शर्मीला स्वभाव है। मूर्ति चंचल स्वभाव की थी तो रविदास के पीछे बोलने लगी रखी थी। धीरे-धीरे रविदास में थोड़ा बहुत बोलना शुरू किया। थोड़ा सा संसार के साथ भी जुड़ने लगा था।हंसी खुशी दोनों की जिंदगी व्यतीत हो रही थी। लगभग 10 माह बीत जाने के बाद रविदास ने 1 दिन मूर्ति को अपने पास बुलाया और बोला कि मेरा इस संसार में मन नहीं लगता। मैं परमात्मा की शरण में जाना चाहता हूं। अचानक से यह बात सुनकर मूर्ति सहम गई। बस इतना बोलकर ही खड़ा हो जाता है तथा मूर्ति से माफी मांगता है की मैंने तुम्हारे साथ सात फेरे लिए हैं।तुम्हारे साथ जन्मो तक रहने का वादा किया है लेकिन मेरा मन मेरे बस में नहीं है यह परमात्मा में लीन हैं। मैं साधना करना चाहता हूं तुम हमेशा खुश रहना। हो सके तो मुझे माफ कर देना। यह सब कहकर वह चलने लगता है। मुश्किल से 5 कदम

चला होगा की रुंधे गले से आवाज आई रुको। रविदास वही की वही खड़ा हो गया तथा पीछे मुड़कर देखा।मूर्ति एक हकीकत की मूर्ति की तरह हाथ जोड़कर पैरों से चप्पल निकालकर अपने समस्त गहने त्याग कर नजरें झुका कर खड़ी है। रविदास को एकदम से माजरा समझ नहीं आया। वह कुछ बोले उससे पहले ही मूर्ति बोल पड़ी आप मेरा वजूद हो। मैं आपकी अर्धांगिनी हूं आपके बिना मेरा जीवन अधूरा है। आपके साथ जीने मरने की कसम खाई है। मरते दम तक आपका साथ निभाऊंगी।आपने साधना करने का मन बना ही लिया है तो कोई बात नहीं। मैं भी आपके साथ साधना करूंगी। मैंने भी फैसला कर लिया है। मोह माया को त्याग कर मैं भी साध्वी का जीवन व्यतीत करूंगी। एक ही आवाज में इतना कुछ कहकर आगे बढ़कर रविदास के पैर छुए। और रविदास का हाथ पकड़ कर घर से बाहर चलने का इशारा करती है। दोनों प्रभु की शरण में जाने के लिए घर से निकल जाते हैं। यही तो है धुंधली परछाई जो हर स्थिति में अपने पति का साथ निभाती है।

,,,चमेलीऔर रतनसिंह की जिंदगी भी जैसे तैसे चल रही थी। सुबह उठना घर का पूरा काम करके खेत में चली जाना बस यही चमेली का रोजमर्रा का जीवन था। आज भी सुबह उठकर चमेली भैंस का दूध निकाल रही थी। रतनसिंह अपाहिज होने की वजह से चमेली को किसी भी काम में हाथ नहीं बंटा सकता था।शादी को 2 साल के करीब हो गए थे। रतनसिंह को जिंदगी नीरस नजर आ रही थी। थोड़ा बहुत सहारा पिताजी सेवाराम का था उनकी भी बीमारी के चलते मौत हो गई। चमेली भैंस का दूध निकालकर दूसरे काम में लग गई थी। रतनसिंह चारपाई पर बैठा चमेली को एकटक देखे जा रहा था। रतन सिंह स्वयं को बहुत लाचार समझ रहा था।चमेली खाना बनाकर खाना देने के लिए चारपाई के पास आती है। रतनसिंह को खाना खिलाकर चमेली खेत में जाने की तैयारी करती है। उसे काम करता देख रतनसिंह की आंखों में पानी आ गया। आंखों में आंसू देख चमेली सहसा सहम गई। वह दौड़कर चारपाई के पास गई तथा आंखों में आंसू आने का कारण पूछा।रतनसिंह बिना कुछ बोले

चमेली का हाथ पकड़कर 10 मिनट तक सुबकता रहा। चमेली बोली क्यों उदास हो रहे हो क्यों ऐसा चेहरा बना रखा है। रतनसिंह हिम्मत करके बोलना शुरू करता है। मैं अपाहिज तेरा कभी भी साथ नहीं दे सकता, ना ही तुझे कभी कमाकर दे सकता। मैं पढ़ा लिखा भी नहीं हूं। तू मेरे लिए अपनी पढ़ाई छोड़ कर क्यों खुशी त्यागने के लिए तैयार हो गई।तूं किसी दूसरी जगह शादी करले। पढ़ाई करके तैयारी कर सरकारी नौकरी लगजा। मेरा क्या है यह तो ऐसे ही चलता रहेगा। इतना बोलते ही चमेली रत्न सिंह के मुंह पर हाथ रखती है और कहती है कि शादी करके इस घर की दहलीज पर पैर रखा था, अर्थी के साथ ही यहां से विदा कर जाऊंगी। रही बात नौकरी लगने की वह मैं आपके साथ रहकर भी लग सकती हूं।बस इतना बोलकर दोनों गले लग जाते हैं। उस दिन के बाद चमेली थोड़ा सा समय निकालकर साथ-साथ तैयारी करने लगी। इसी समय उनके घर एक बेटे का जन्म हुआ जिसका नाम धीरज रखा गया। अब चमेली जल्दी-जल्दी काम करके पढ़ाई करती तो ही रतन सिंह धीरजके साथ खुश रहने लगा। लगभग 2 साल बीत जाने पर चमेली का नाम सरकारी नौकरी में आ गया। अब तीनों हंसी खुशी अपनी जिंदगी बिताने लगे।यही तो है धुंधली परछाई।

...........................नारी श्रद्धा होती है। हर गहरी परछाई के पीछे एक धुंधली परछाई छुपी रहती है, जो शायद किसी को भी दिखाई नहीं देती, लेकिन यह धुंधली परछाई गहरी परछाई से भी ज्यादा गहरी होती है। क्योंकि यह नारी ही है। नारी हर रंग रूप में स्वयं को ढाल लेती है। इस पुरुष प्रधान देश में सब कुछ पुरुष के नाम का होता है, लेकिन नारी उसी नाम से जीती है। मांग में सिंदूर पति के नाम का, सिर पर चुनरी पति की, हाथ में कंगन पति का, पैर में पायल पति की, यहां तक कि नाम के आगे लगा गोत्र भी पति का। क्या आपने कभी सोचा है कि नारी के पास सब कुछ अपने पति का होता है लेकिन पुरुष के पास नारी के नाम का क्या होता है ? शायद नहीं सोचा। लेकिन मैं मानती हूं पुरुष के पास नारी के नाम की परछाई होती है धुंधली परछाई जो सबसे महान, अकल्पनीय, अकथनीय और अवर्णनीय है। जय नारी जय भारत।

" राज से मिली सीख "

एक बार मैं अपने दोनों बच्चों काव्या और रोमित के साथ जून माह में दिल्ली मार्केट में सामान खरीदने गयी थी। घर से थोड़ा आगे निकलते ही सिटी बस मिली, जो भेड-बकरियों की तरह सवारियों से भरी हुई थी मुझे जल्दी पहुंचना था इसलिये बिना कुछ सोचे समझे बस में चढ गयी। भीड़ से थोडा बचने के लिये मैने बेटे को गोद में उठा लिया, तभी मेरी नजर मेरे आगे खड़ी एक गर्भवती महिला पर पड़ी, जिसके चेहरे पर परेशानी साफ देखी जा सकती थी। वह चुपचाप बिना किसी को कुछ कहे सीट पर बैठे यात्रियों की तरफ लाचार निगाहों से देख रही थी कि शायद किसी को उस पर तरस आए तथा बैठने के लिये सीट दे। ऐसे ही लगभग 20 मिनट बीत गये, लेकिन सबने उसको देखकर भी अनदेखा कर दिया। उस बस में संयोग से मैं और वो सिर्फ दो ही महिला यात्री सवार थी। एक तो बस में इतनी भयंकर भीड़ ऊपर से जून की तपती गर्मी मानों जान निकालने को हो रही थी। एक औरत होने के नाते मैं उसकी परिस्थिति समझ सकती थी तथा मेरी निगाहे रह -रह कर उस औरत की तरफ जा रही थी, जो मानो मौन रूप में बिलख रही हो। उसकी मदद करने में मैं स्वयं को असहाय महसूस कर रही थी और साथ ही साथ उन सभी पुरुष यात्रियों को मन ही मन कोस रही थी। बार-बार मेरे मन में बस यहीं आ रहा था कि आखिर क्यों ये सब पुरुष उस लाचार महिला की परिस्थिति नहीं समझ रहे ? क्या इनमें जरा भी संस्कार नहीं बचे ? इतने में मेरा स्टैंड आ गया तथा मैं अपने बच्चों को लेकर उतर गयी। मैनें फटाफट खरीददारी की तथा वापिस घर आ गयी, लेकिन मेरे दिमाग में पूरे दिन से बस वही परिस्थिति घूम रही थी कि आखिर क्यों ? रात को मेरे पति राजेश ऑफिस से घर आए तथा खाने खाने के बाद हम सभी टी.वी देखने लगे। राज और बच्चे मेरे साथ बात कर रहे थे, लेकिन मैं उसी के बारे में सोचकर बेचैन हो रही थी। तब राज ने मुझसे इसका कारण पूछा तो मैंने उनको सारे घटनाक्रम के बारे में बताया। पहले तो वो चुपचाप सारी बात सुनते रहे और उसके बाद बड़े ही प्यार से मुझे समझाया कि हां मैं मानता हूं कहीं ना कहीं हमारी सभ्यता और संस्कारों में कमी है। शादी से पहले मैं भी

अगर उस बस में होता तो शायद वही करता जो उन्होंने किया क्योंकि मैं उस समय तक आप महिलाओं की परेशानी और परिस्थितियों के बारे में अनभिज्ञ था। अब आपने अपनी समस्त परिस्थितियों को मेरे साथ बांटा तो मैं समझने लग गया। ऐसे ही अगर हर मां अपने बेटे को हर बहन अपने भाई को, हर पत्नी अपने पति को नारी की ईज्जत करने के संस्कार दे तथा अपनी हर शारीरिक और मानसिक परेशानी को बिना हिचके अपने पति एवं परिवार से बांटे तो शायद यह परिस्थिति कभी नहीं बने। इतना सुनते ही मेरी आंखें भर आई तथा मैनें स्वीकार किया कि हम पुरूषों पर सब थोपने की जगह संस्कारित करने का प्रयास करें तो निश्चित रूप से बदलाव हो सकता है। आज मेरे राज की इस सीख ने मेरे दिमाग में चल रहे बहुत बड़े द्वंद को खत्म कर दिया।

"मेरा गर्भ मेरी ताकत"

मई 2011 में मेरी शादी सादुलपुर चुरू में हुई थी तथा शादी से पहले मैं क्रिकेट खेला करती थी। लगभग 7 साल विमेन नेशनल क्रिकेट टीम की सदस्य रहकर कई पदक भी जीते, लेकिन सरकारी नौकरी हाथ नहीं लगी थी। सितंबर में मेरे गर्भ में मेरी परछाई का उदय हुआ, जिसकी वजह से खेल अभ्यास छुट गया था। मार्च 2012 में पोस्टमास्टर एक पत्र घर देकर गया, जिसमें आगामी माह अप्रैल में रेलवे में नौकरी के लिये ट्रायल का था। एक बार तो जैसे पैरों तले जमीन निकल गयी कि अब इन हालातों में कैसे संभव होगा। दो दिन अपनी किस्मत का लिखा समझकर रोती रही, फिर मेरे सास-ससूर ने पति राजेश को ये सब बातें बता दी। उस समय मेरे पति ने मुझे समझाया तथा अगले दिन सुबह अभ्यास पर जाने के लिये कहा मेरे सास-ससूर ने रूढ़िवादिता और पड़ोस के नजरिये के चलते अनहोनी की आशंका से मैदान में जाने से साफ मना कर दिया। लेकिन राजेश ने किसी की नहीं सुनी तथा सुबह उठकर मुझे साथ लेकर स्टेडियम की तरफ चल दिये। सच बताऊं तो मुझ स्वयं को भी बहुत डर लग रहा था लेकिन राजेश की जिद्द के चलते बोलने की हिम्मत ही नहीं हुई तथा धीरे-धीरे अभ्यास शुरू कर दिया। लगभग 25 दिन बाद ट्रायल की तारिख थी तथा लगातार अभ्यास करते-करते आत्मविश्वास भी बढ़ने लगा था। आखिर ट्रायल का दिन भी आ गया तथा हम दोनों निर्धारित स्थान रेल भवन दिल्ली पहुंच गये 7 महिने के गर्भ के साथ क्रिकेट ड्रैस पहनकर जब मैंनें मैदान में उतरकर फास्ट बोलिंग की ट्रायल दी, तो हर कोई दांतों तले उंगली दबाने को मजबूर हो गया। सच में उस दिन मुझे नारी होने पर बहुत गर्व हो रहा था कि हम नारी शक्ति मन में ठान लें तो कुछ भी असंभव नहीं है।

"समय का फेर "

कुछ समय पहले की बात है। गांव में एक हरिजन डॉक्टर था, जो गर्भवती महिलाओं के अल्ट्रासाउंड, चैकअप इत्यादि करता था। मेरी प्रेगनेंसी के समय में भी अपनी सास के साथ संबंधित इंजेक्शन लगवाने उनकी क्लीनिक पर गयी थी। एक ही डॉक्टर होने की वजह से उनके पास हमेशा पेशेंट की भीड़ लगी रहती थी। हम भी अपनी बारी के इंतजार में लाईन में लग गयी। तकरीबन 2 घंटे लाईन में लगने के बाद मुझे प्यास लगी तो मैनें पीने का पानी पुछा। डॉक्टर साहेब ने बाहर की तरफ इशारा कर दिया। मैं अपनी सास को वहीं छोड़कर पानी पीने चली गयी। गेट के बाहर बने चबूतरे पर एक घड़ा रखा हुआ था या ये कहूं कि पड़ा हुआ था, जिसके उपर ढक्कन भी नहीं लगा था। जैसे ही मैनें पानी लेने के लिये पास पड़े गिलास को उसके अन्दर डाला तो पानी से ज्यादा उसमें कीड़े तैरते हुये बाहर आये देखते ही मेरे हाथ से गिलास छुट गया। उसी समय सभी क्या हुआ क्या हुआ बोलते बाहर की तरफ दौड़े। मैने अपनी सास का हाथ पकड़ा तथा बिना कुछ बोले वहां से बाहर निकल आयी घर आकर मैनें सारा वाकया अपनी सास को बताया। उस दिन अजीब सी कसक मेरे मन में रह गयी, लेकिन मैं नियती का फैसला मानकर चुप रही। लगभग 5-6 साल बितने के बाद में सरकारी नौकरी में लग गयी तथा अन्तराष्ट्रीय स्तर की खिलाड़ी बनकर राज्य और देश का नाम रोशन करने लगी। आपके साथ यह वाकया शेयर करते हुये बड़े ही गर्व की अनुभूति हो रही है क्योंकि आज सुबह उसी डॉक्टर का मेरे पति के पास फोन आया है कि वो मुझे महिला दिवस पर कार्यक्रम में सम्मानित करना चाहते हैं तथा उसी क्लीनिक पर पधारकर भोजन करने का न्यौता दिया है। मेरे पति ने दोनों निमंत्रण स्वीकार कर मुझे और मम्मी पापा को सारा घटनाक्रम सुनाया, तो हम सब हैरानी भरी हंसी के साथ बहुत खुश भी हुये अब मेरे पास कहने को शब्द नहीं हैं तथा समय का फेर भी इसका ग्वाह है, कि एक महिला महान होती है तथा दुनिया बदलने का जज्बा रखती है।

"कुलक्षणा नारी"

कहते हैं कि इक सुलक्षणा नारी खराब से खराब घर को जन्नत बना देती है और एक कुलक्षणा नारी बसा बसाया घर उजाड़ देती है। आज के कलयुग में ये बहुत जगह घटित होता है। आज तुम्हे एक सच्ची घटना की तरफ लेकर चलती हूं, जो मेरी एक सहेली ने मुझे बताई । शेरगढ़ गांव की ये घटना है। एक हंसता खेलता परिवार था। उसमें तीन भाई अपने परिवार के साथ रहते थे। सबसे बड़ा रामलाल, उसके बाद रामफल और सबसे छोटा मांगेलाल । छोटे वाले दोनों भाइयों के दो दो बेटे थे जबकि बड़े राम लाल के एक बेटा और तीन बेटियां ।शुरू में तीनों भाई खेती करते थे लेकिन बड़े होकर रामलाल और रामफल को सरकारी नौकरी मिल गई और मांगेलाल खेती से ही गुजरा करने लगा। नौकरी लगने के बाद रामलाल अपने बच्चो को लेकर शहर चला गया तथा वही रहने लगा जबकि बाकी दोनों भाई गांव में ही रहने लगे। रामलाल का बेटा महेश और बेटियां अनु, तनु, और दीक्षा का शहर के स्कूल में दाखिला करवा दिया। रामफल थोड़ा ईर्ष्यालु स्वभाव का था। उसे लगा उसके दोनों बेटे मोहन और सोहन गांव में पढ़कर महेश से पीछे ना रह जाए इसलिए उसने उनको भी ताऊ के पास शहर भेज दिया। तीनों भाइयों का एक ही स्कूल में दाखिला करवा दिया। सारे मिल जुलकर आपस में प्रेम से रहते थे। मांगेलाल के दोनों बेटे आशु और ऋषि गांव के ही सरकारी स्कूल में पढ़ते थे। पढ़ते क्या थे ये मानो बस नाम था स्कूल जाने का। अपने पिता की ही तरह खेती में ज्यादा ध्यान रहता था। रामफल भी बस यही चाहता कि बस खुद का घर ही आगे बढ़े बाकी सब नीचे रहे। धीरे धीरे सारे बच्चे बड़े होने लगे तथा रामलाल ने अपनी बेटियो कि शादी कर दी। रामफल हर चीज और हर काम में सिर्फ अपनी चलाता था। दोनों भाइयों को भी अपने अनुसार ही चलाता था। खेती भी सबकी खुद ही करता था और अनाज भी खुद ही मार्केट में बेचता था। बाकी दोनों भाई कभी किसी चीज के लिए एतराज नहीं करते थे। कभी कभार उनकी पत्नियां बोलती तो वह चुप करा देते कि हमारा भाई है शुरू से यही करता है तो अब भी करेगा। शुरू से यही परंपरा चली आ रही थी। धीरे-धीरे तीनों लड़के

महेश, मोहन और सोहन बदमाशी करने लग गए। आए दिन किसी ना किसी के साथ झगड़ा करते थे। यह सब देख कर रामफल ने अपने दोनों बेटों को वापिस गांव बुला लिया। बड़ा बेटा मोहन पढ़ाई में थोड़ा कमजोर था। दसवीं में दो बार फेल होने के बाद बड़ी मुश्किल से पास हुआ। जैसे तैसे करके 12वी कर ली और ग्रेजुएशन में दाखिला ले लिया। छोटे बेटे सोहन को हॉस्टल में भेज दिया। इधर महेश पढ़ाई करने के लिए शहर चला गया। मोहन ग्रेजुएशन करके खेती में लग गया तथा महेश ने एमएससी में दाखिला ले लिया। सोहन एक लड़की के चक्कर में फंस गया तथा पढ़ाई करनी बिल्कुल बंद कर दी। उस लड़की सुधा ने नाम के चक्कर में सोहन को अपने प्रेम के जाल में फंसाया। अब तो सोहन और ज्यादा बदमाशी करने लग गया। धीरे-धीरे बात यहां तक बढ़ गई कि घर से भागकर दोनों ने शादी का प्लान बना लिया। दोनों के घरवालों ने बहुत विरोध किया, लेकिन उन्होंने किसी की नहीं सुनी। आखिरकार उन्होंने भाग कर शादी कर ली और समाज में इज्जत का सत्यानाश करवा दिया। महेश को यह बात बिल्कुल भी पसंद नहीं आई और उसने गांव से नाता तोड़ लिया। रामफल और उसकी पत्नी धनकौर ने धीरे-धीरे सुधा को अपना लिया। अब समाज में उनकी इज्जत बहुत कम हो गई थी। हर समय उसूल पर चलने वाला रामफल अपने बेटे और बहू के लिए झुक गया। सुधा ने सोहन को बिल्कुल भी नहीं रोका और वह गुंडागर्दी के भंवर में फंसता चला गया। सुधा हॉस्टल में पढ़ने लगी तथा सोहन को पुलिस ने जेल में डाल दिया। चोरी डकैती गुंडागर्दी मर्डर जैसे कई मुकदमे सोहन पर चल रहे थे। इधर महेश के लिए भी रिश्ते आने शुरू हो गए। महेश का दिमाग परिपक्व था। उसके सपने ऊंचे थे और वह बड़ा आदमी बनना चाहता था। इसलिए उसने स्वयं को उस गंदगी से बाहर निकाल कर शहर में रहना शुरू कर दिया। जब भी महेश का रिश्ता आता तो रामलाल और संतोष यही कहते कि हम तो महेश और मोहन दोनों का रिश्ता एक साथ ही करेंगे। लेकिन हकीकत तो यह थी कि महेश के लिए तो हर कोई तैयार हो जाता लेकिन मोहन को अपनी लड़की देने से सब इनकार करते। क्योंकि महेश में कोई कमी नहीं थी वह अच्छा पढ़ा लिखा था और उसका परिवार भी सही था। इन सब चीजों का महेश को गुस्सा भी

आता था।एक दिन महेश के लिए एक रिश्ता आया। लड़की अच्छी पढ़ी लिखी थी और उसके मम्मी पापा भी नौकरी करते थे तो महेश शादी के लिए तैयार हो गया। मंजू के साथ महेश की शादी तय हो गई। शादी के लगभग 1 साल बाद मंजू को सरकारी नौकरी मिल गई तथा महेश अपना व्यापार करने लगा। नौकरी के चलते दोनों मां-बाप से दूर शहर में रहने लगे। समय के साथ-साथ उनके भी दो बच्चे हो गए। उनकी जिंदगी सुख से व्यतीत हो रही थी । गांव में बैठे रामफल और उसकी पत्नी को सुधा ने पूर्णतया अपने बस में कर लिया था। जैसे तैसे करके मोहन का रिश्ता करवाया गया। मोहन की पत्नी गरीब घर से थी तो वह चुपचाप सुधा के अनुसार ही रहती थी । सोहन गुंडागर्दी के भंवर में ज्यादा ही फंस गया था, लेकिन सुधा ने उसको रोका ही नहीं। सुधा को तो बस पैसे चाहिए थे और वह सोहन चोरी डकैती से लाकर दे देता था। वह अपने आप में बहुत खुश थी की मोहन और महेश से ज्यादा जमीन जायदाद हो गई। सभी ने उसको समझाने की कोशिश की चोरी और हरामखोरी का पैसा सही नहीं है, लेकिन उसने किसी की ना सुनी।आखिर एक दिन ऐसा आया लड़ाई दंगे के चलते सोहन की मौत हो गई और सब कुछ उजड़ गया। हंसता खेलता परिवार वीरान हो गया। इसीलिए कहा जाता है एक महिला परिवार की धुरी होती है। सुलक्षणा नारी परिवार को स्वर्ग बना देती है और कुलक्षणा नारी परिवार को उजाड़ देती है।

"बसंती बजरंग की"

बसंती नाम की एक महिला थी। बिल्कुल अपने नाम की अनुसार चुलबुली। पूरे मौहल्ले में बातें करना और सबकी बातें ईधर उधर करना ही उसका काम था। पूरे मौहल्ले में किसी के भी बारे में कुछ भी पुछना हो, बसंती के पास सबका जवाब होता था अपनी चिकनी चुपड़ी बातों से वह सबको अपने अनुसार ढाल लेती थी। उसका पति मकान बनाने वाला मिस्त्री था, जो परिवार का पेट पालने के लिये दिन-रात मेहनत करता। जैसे-तैसे करके परिवार का गुजारा चल रहा था. लेकिन बसंती के नखरे खत्म ही नहीं होते थे।आस-पड़ोस की महिलाओं को दिखाने मात्र के लिये अनायास खर्चा करती थी। परिवार में तीन बेटियां और एक बेटा थे, जिसमें से दो बेटियों का तो कर्जा लेकर विवाह कर दिया था तथा बाकी दो बच्चे पढ़ाई कर रहे थे। छोटे-छोटे दो कमरों का कहने को एक मकान था, जो विवाह के लिये ग्रिवी रख दिया था। बसंती रोज-रोज बजरंग पर पैसे कमाने का दवाब बनाती तो वह मानसिक परेशानी में रहने लगा।बसंती तो लालची हो चली थी तथा एक बार किसी के मकान बनाने के बाद उन्होंने उन दोनोंमकानों पर कब्जा कर लिया। मकान मालिक शरीफ बिरादरी का था, तो कॉट और थाने केचक्कर लगाने की बजाये बजरंग को समझाना ही उचित समझा। अब बसंती और उसका परिवार भी उसी कब्जे के एक मकान में रहने लग गया तथा दूसरे मकान को किराये पर दे दिया।अपनी आदतों के अनुसार वह पूरे मौहल्ले में दिखावा करती कि ये दोनों मेरे मकान है तथा हमारी दूसरे भाई के साथ लड़ाई हो गयी है, इसलिये दोनों मकान हमारे कब्जे में हैं। जब हमारा भाई हमें सारे बकाया पैसे चुका देगा तब हम एक मकान उसे दे देंगे। आस-पड़ोस वाले भी उसकी बातों को सच मानने लग गये थे। एक बार बेटे की पढ़ाई के लिये बजरंग को पैसों की जरूरत थी, तो उसने बसती को बिना बताये दूसरा मकान फर्जी स्टाप पर बेच दिया, जो किराए पर दिया हुआ था।मकान खरीदने वाले को यह सब नहीं पता था कि मकान कब्जे का है। लगभग 2 माह बाद नया परिवार उस मकान में रहने के लिये आया बसंती को पता चला तो वह

बजरंग से खूब लड़ी, लेकिन बाद में बजरंग ने समझा कर चूप करा दिया। बसंती कहा अपनी आदतों से बाज आने वाली थी। उसने मौहल्ले वालों को नये परिवार के खिलाफ भड़काना शुरू कर दिया। नये परिवार में दोनों पति-पत्नि नौकरी करते थे तो मौहल्ले वालों से बहुत कम सामना होता था।बसंती उनकी चुप्पी का फायदा उठाने लगी तथा भौहल्ले में कहने लगी कि इन्होंने बजरंग को धोखा देकर मकान पर कब्जा कर लिया है। ऐसे ही पता नहीं क्या-क्या अनाप सनाप पड़ोसियों को सिखाती रहती थी। नये परिवार के सदस्य जब भी बाहर निकलते तो सभी उन्हें अजीब नजरों से घूरना शुरू कर देते। धीरे-धीरे उनको महसूस हुआ कि सभी पड़ोसी उन्हें नजरअंदाज कर रहेहै। धीरे-धीरे बसंती के होंसले बढ़ते जा रहे थे तथा वह सारा दिन अपनी चुगलियों में लगी रहती।बजरंग ने उसे बहुत समझाने की कोशिश की, लेकिन वह कहां मानने वाली थी। वह अपनी अजीबो-गरीब हरकतों से नये परिवार को परेशान करने लग गयी कभी उनकी दीवार पर मिट्टी डाल देती तो कभी उनके दरवाजे के सामने कचरा फेंक देती। नये परिवार के सारे लोग उससे बहुत परेशान हो गये थे। आखिरकार उन्होंने पुलिस में बजरंग की एफआईआर दर्ज करवा दी।पुलिस को जब सारे मामले का पता चला तो उन्होने बजरंग को हिरासत में ले लिया तथा एक महीने का नोटिस दे दिया कि नये परिवार को उनके सारे पैसे वापिस लौटा दो घर में सिर्फ बजरंग कमाने वाला था, जो जेल जा चुका था। बसंती अपने दिखावे के लिये सारे पैसों को खर्च कर देती थी, तो बचत के नाम पर एक भी पैसा घर में नहीं था। उसने अपनी बेटी को पैसे कमाने के लिये गलत धंधे में डाल दिया तथा वह भी एक दिन पुलिस के हत्थे चढ़ गयी। नोटिस की अवधी पूर्ण होने में सिर्फ 2 दिन का समय बचा था, लेकिन पैसों का बंदोबस्त नहीं हुआ था। आखिरकार समय पूर्ण होने के बाद पुलिस अपने पूरे दस्ते के साथ उनके घर आई तथा सारा सामान निकालकर बाहर फेंक दिया।सारे मौहल्ले में बसंती की थू-थू हो रही थी। यह सब माजरा देखकर सबने अपने अपने घर के दरवाजे बंद कर लिये थे। जिसके साथ बसंती सारा दिन अनुचित बातें करती थी, वो ही सब आज उसको नजरअंदाज कर रहे थे। बसती तरसती आंखों से सबको टुकर-टुकर देख रही थी. कि

कोई तो उसकी मदद करे। इस मुश्किल घड़ी में कोई भी मदद के लिये आगे नहीं आया।तभी तो कहा जाता है कि लालच और बुराई का अंत हमेशा बुरा ही होता है, इसलिये हमें सदाचार से अपना जीवन यापन करना चाहिये।

"इष्र्यालु मुग्धा"

गोदावरी नदी के तट पर फैला हुआ गांव चांदी बिल्कुल नाम के अनुसार ही चमकीला और बहुत ही मनमोहक इसी गांव में एक महिला रहती थी, जिसका नाम था मुग्धा उसकी एक बहुत गलत आदत थी कि वह सबसे बहुत ईष्र्या करती थी बाहरवालों के साथ-साथ वह अपनीदेवरानी और जेठानियों से भी जलन करती थी।उसकी देवरानी पूनम प्रतियोगिता परीक्षा की तैयारी करती थी तथा जेठानी दिव्या अपने पति के ही स्कूल में पढ़ाती थी। मुग्धा तो बस सारा दिन इसी उधेड़-बुन में लगी रहती कि दोनों से ज्यादा कपड़े और गहने एकत्रित कर लूं। वह ज्यादातर बाहर का ही खाना खाती तथा बहुत ज्यादा पार्टियां अटैंड करती। घर पर ध्यान नहीं देने की वजह से उसके पति नवीन भी पार्टियों के शौकिन हो चले थे। धीरे-धीरे उसे शराब की लत भी लग गयी थी।उनके बच्चे और देवरानी जेठानी के बच्चे सभी एक ही स्कूल में पढ़ते थे। जलन की वजह से और अपने आप को बड़ा दिखाने के लिये उसने अपने बच्चों को भी अलग स्कूल में डाल दिया। बहन भाईयों से अलग होकर बच्चों की आदतें बिगड़ने लगी थी तथा उनकी दिनचर्या पर भी मुग्धा ध्यान नहीं देती थी। ऐसे ही उनकी पूरी जिंदगी अस्त-व्यस्त हो गयी थी।कहते हैं ना कि बुरे कर्म का बुरा नतीजा मुग्धा का बेटा तनिश 8वीं कक्षा में फेल हो गया था। परीक्षा का परिणाम आया नहीं कि नवीन ने पूरे घर को सिर पर उठा लिया। वह मुग्धा को कोसे जा रहा था तथा मुग्धा नवीन को, लेकिन किसी को समझ नहीं आ रहा था कि आखिर करें क्या घर की बड़ी बहू दिव्या समझदार थी, तो उसने स्थिति को संभाला।आखिर सबने एक साथ बैठकर मुग्धा को समझाया तथा साथ में ही नवीन को भी आज दिव्या नेघूंघली परछाई बनकर पूरे घर को दोबारा एकता के सूत्र में बांध दिया।

"चुपचाप बैठी दमयन्ती"

एक बार किसी परिचित से मिलने भ्रष्टाचार निरोधक ब्यूरो जयपुर में जाना हुआ परिचित चाचाजी किसी जरूरी कार्य में व्यस्त थे, तो मैं कक्ष में बैठकर इंतजार करने लगी। उसी कक्ष में दो युवा लड़कियां अपने वृद्ध पिताजी के साथ बैठी हुई थी। उनमें से लंबी लड़की चुपचाप बैठी हुयी थी तथा छोटी अपने पिता के साथ बातें कर रही थी।वो दोनों आपस में अपनी शिकायत संबंधी विषय पर वार्ता कर रहे थे। मेरे कानों में आवाज आरही थी कि उनकी जमीन को गांव के ठेकेदार ने हड़प लिया है। संबंधित शिकायत उन्होनेंपुलिस थाना अजमेर एवं भ्रष्टाचार निरोधक ब्यूरो अजमेर में दर्ज करवायी थी, जिसकी कोई भीसुनवाई नहीं हुई। इसलिये वो अपनी फरियाद लेकर जयपुर आये थे।उनके पास संबंधित शिकायत के ओरिजनल दस्तावेज थे, तो उन्होने उत्सुकतावश मुझसे पुछा कि ये सारे दस्तावेज हम जमा करवा देंगे तो हमारी पास कुछ नहीं बचेगा। गांव के भोले-भाले आदमी थे तो मैनें उनको समझाया कि ओरिजनल की जगह इनकी छायाप्रति जमा करवानी होती है। ऐसे ही धीरे-धीरे मेरी उनसे वार्तालाप शुरू हुयी चुपचाप बैठी लड़की अब भी टकटकी लगाये मुझे देख रही थी।मैने भी उत्सुकता से उसका नाम पुछा तो उसकी बहन ने नाम बताया दमयन्ती। असल में वह लड़की नहीं चुपचाप बैठी दमयन्ती थी। नई नवेली दुल्हन, जिसकी हाल ही में शादी हुई थी। उस वृद्ध आदमी मात्र तीन दिन पहले ऑपरेशन हुआ था, फिर भी वह मजबूरन थानों के चक्कर काटने को मजबूर था। उनकी वित्तीय स्थिति बहुत कमजोर थी तथा वह मजदूरी करके स्वयं का और अपनी 5 बेटियों का पेट पालता था जैसे तैसे करके उसने सबकी शादी जिन हालातों में की थी, उसे शब्दों में ब्यान करना शायद मुश्किल है। अत्यधिक कष्ट झेलकर उसने अपनी सभी बेटियों को स्नातक तक पढ़ाया, जो बहुत ही सराहनीय प्रयास है। जब सारी बेटियां ब्याहकर अपने ससुराल चली गयी तो वह अकेला पड़ गया। शायद इसी समय का मौका उठाकर ठेकेदार ने उसकी बची-खुची जमीन को हड़प लिया। इसी कारण वो आज शारीरिक कष्ट के बाद भी सरकारी कार्यालयों में भटक रहा था। दमयन्ती का एकटक

मुझे देखना अपने आप में कई सवाल पैदा कर रहा था। मैनें ही उससे बात करने की कोशिश की तो वह मानों इस वक़्त का इंतजार ही कर रही हो। बस इतना ही बोली कि दीदी मैं कुछ करना चाहती हूं, लेकिन...। लेकिन क्या आखिर ऐसा क्या था, जिसको बोलने से पहले ही दमयन्ती खामोश हो गयी। धीरे-धीरे जब मुझे पता चला कि उसका पति रामबाबू मजदूरी करता था तथा उसको भी अपने साथ-साथ दिहाड़ी पर ले जाने लगा था।बहुत पुछने पर उसने बताया कि वह आगे पढाई करना चाहती है तथा नौकरी करना चाहती है। रामबाबू भी चाहते तो थे कि दमयन्ती नौकरी करे, लेकिन मां-बाप के फैसले का विरोध करने की हिम्मत ही नहीं कर पा रहा था। यही कारण था कि चुलबुली दमयन्ती अपने अरमानों का गला घोंटकर जिये जा रही थी। वास्तव में उसकी दास्तां सुनकर नयन भर आए तथा एकदम से मानों मैं भी सपने में खो गयी।आखिरकार मैनें हिम्मत करके उसको समझाना शुरू किया कि एक औरत अपने पति की अनदेखी परछाई होती है, जो अनायास ही हमेशा साथ रहती है। औरत की मजबूती और ईच्छा शक्ति हर असंभव कार्य को संभव बना सकती है। आराम से एक साथ बैठकर रामबाबू के साथ आगे के भविष्य के बारे में बातें करो, कि आखिर हम अपने आने वाले बच्चों को क्या सिर्फ दिहाड़ी मजदूरी देकर जाएगें, जो हमें अपने परिजनों से विरासत में मिली है। अगर हम दोनों में से एक की भी नौकरी लगती है तो शायद हमारे बच्चों का भविष्य कुछ हद तक सुरक्षित हो सके।फिर मैंने दमयन्ती से कहा कि अगर आपको लगता है कि आप हकीकत में कुछ करना चाहती हो. आगे और पढ़ना चाहती हो, नौकरी करना चाहती हो, अपने बच्चों का भविष्य सुरक्षित करना चाहती हो, पढ़े-लिखे बच्चों की नौकरी वाली मां बनना चाहती हो तो शुरूआत आपको ही करनी पड़ेगी। मेरी इन बातों को ध्यान से सुनने के बाद वो सहसा बोली और पैसे मैने कहा हा पैसे भी कमाओगी, बस एक शर्त है।शर्त का नाम सुनकर वह दोबारा शांत हो गयी। इस बार मैने कहा ओ पगली बार-बार मायूस होने की आवश्यकता नहीं है। मैं आपको एक और रास्ता बताती हूं। मैनें उसको कहा कि अपने गांव के ही पास के विद्यालय में प्राईवेट अध्यापक की नौकरी की बात करना तथा शाम को घर पर बच्चों को ट्यूशन पढाना,

जिससे आमदनी भी होती रहेगी तथा पढ़ने की आदत भी बनी रहेगी। इसके बाद अपने सास-ससूर को भी समझाना कि जितनी रकम मै दिहाड़ी मजदूरी से कमाती हूं, उतनी में नौकरी से कमाकर आपको दे दूंगी। बस एक बार मौका देने की विनती करना।सच कहूं मेरी बातें सुनकर वह शांत दमयन्ती एकदम से चहक उठी और बक बक, बक बक अपनी बातें मुझे बेहिचक बतानें लगी इतनी देर में चाचाजी का फोन आया तो मैं वहां से उठकर मिलने चली गयी। जब मैं वापिस घर आने लगी तो मैंने उसी कक्ष में झांककर देखा तो पाया कि वो वहां से जा चुके थे। मुझे नहीं पता उनका काम हुआ कि नहीं बस एक अजीब सी कसक मन में रह गयी थी, कुछ तो अधुरा रह गया। दमयन्ती की शांत आंखे अब भी मेरे मस्तिष्क में थी। आखिर मैं भी अपने घर वापिस आ गयी थी।कई दिन तक दमयन्ती की बातें मेरे जहन में थी कि वो अब कहा है, कैसी है और किस हाल में है ना उसके घर का कोई अता-पता था और ना ही उसका कोई फोन नं। बैठे-बैठे कई बार उसकी याद आ जाती थी। लगभग साढ़े तीन साल का समय बीत चुका था। समय के साथ-साथ उसकी याद भी घूंघली सी हो गयी थी। ऐसे ही एक दिन सर्दियों का समय था तथा मेरे ऑफिस की भी छुट्टी थी। मैं और मेरे पति राज और दोनों बच्चे छत पर धूप सेंक रहे थे।अचानक फोन की घंटी बजी तो मैंने हैलो बोला सामने से आई हैलो की आवाज कुछ जानी पहचानी सी लगी। मैं कुछ आगे बोलती उससे पहले ही उधर से आवाज आई कि मैम मैं दमयन्ती वही चिर परिचित अंदाज में उसका नाम सुनकर पुरानी यादें ताजा हो गयी। बातों-बातों में उसने बताया कि सोशल मीडिया से उसको मेरे मोबाईल नंबर मिले। सबसे खुशी के बात ये कि दमयन्ती की अब सरकारी नौकरी लग गयी थी।दमयन्ती लगातार अपनी कहानी सुनाए जा रही थी, कि कैसे उसका पति और उसके घरवाले उसकी बात मानने को तैयार हुये तथा कैसे उनकी आशाओं पर दमयन्ती खरी उतरी। आखिर उसने वो कर दिखाया, जिसका सपना देखा था। वास्तव में उसकी बातें सुनकर आनन्द की अनुभूति हुई बातें करते करते वह भावूक हो गयी तथा कहने लगी कि अगर आप उस दिन मुझे नहीं समझाते तो शायद आज स्थिति दूसरी होती हकीकत तो यह है कि ये सब दमयन्ती की मेहनत का ही फल था सच में नारी अपने

सत्कर्मों से हर मंजिल को प्राप्त कर लेती है। सच में चुपचाप बैठी दमयन्ती की चपर-चपर आज अलग ही प्रसन्नता का अहसास करवा रही थी। यही तो होती है घूंघली परछाई जो पूरे परिवार की जिम्मेदारी बखूबी निभा सकती है।

"नीलिमा की बुदबुदाहट"

भारत के प्रसिद्ध शहर चंडीगढ़ के कुलीन परिवार में एक लड़की का जन्म हुआ बड़े ही लाड चाव से उसका नामकरण किया तथा नाम रखा नीलिमा घर के सभी सदस्य रिश्तेदार, अड़ोसी-पड़ोसी, नौकर चाकर सब नीलिमा को बड़े चाव से रखते थे। जन्म से ही नीलिमा बहुत चुलबुली थी तथा हर किसी के साथ घुल-मिल जाती थी।जैसे जैसे उसकी उम्र बढ़ती गयी, वैसे-वैसे उसका स्वभाव चिड़चिड़ा होता जा रहा था। मां और दादी जी किट्टी पार्टी में व्यस्त रहती थी, तो पिताजी और दादाजी अपने व्यापार में एक बड़ा भाई था आदित्य, जो नौकरों के साथ खेलने का आदी हो गया था।कभी उनको घोड़ा बनाता तो कभी उनके बाल पकड़ कर हिलाता जब नौकर बेचारे परेशान हो जाते तो वो आदित्य को झिड़क देते। उनकी डांट सुनकर वह रोने लग जाता, तो मालिक की डांट के डर से नौकर आदित्य को मोबाईल खेलने को दे देते।मोबाईल में खेलकर वह चुप हो जाता तथा नौकरों की डांट को भूल जाता। बस इसी लुकाछिपी में उसका बचपन गुजर रहा था। आदित्य नीलिमा से 5 वर्ष बढ़ा था, लेकिन बिल्कुल भी जुड़ा हुआ नहीं था। या यूँ कहें कि बेचारे को जुड़ाव का अभिप्राय किसी ने समझाया ही नहीं।परिवार के सदस्यों ने कभी उसके साथ समय नहीं बिताया। शायद इसीलिये आदित्य भी भावना रहित हो गया था। वह मोबाईल और लैपटाप की बनावटी दुनिया को ही अपनी वास्तविक दुनिया मान बैठा था। यही कारण था कि वह नीलिमा से भी नहीं जुड़ा।नौकरों पर आदेश झाहते झाढते वह बहुत अधिक गुस्सैल हो चला था। नीलिमा अपनी चुलबुलाहट के कारण सारा दिन भैया भैया चिल्लाती रहती, लेकिन आदित्य उसकी तरफ बिल्कुल भी ध्यान नहीं देता था। नीलिमा का मन करता था कि वह भैया के साथ खेल खेले, लेकिन हर बार मन मसोस कर रह जाती थी।एक बार गुस्से में आकर आदित्य ने मोबाइल फेंक दिया, जिसकी वजह

से शॉर्ट सर्किट हो गयातथा पूरे घर की लाईट चली गयी। मोबाइल टूट चुका था तथा टेलीविजन भी नहीं चल रहा था।अब आदित्य जोर-जोर से चिल्लाने लग गया।नीलिमा दौड़ी-दौड़ी भैया के पास आई और चुप

करवाने की कोशिश करने लगी। आदित्य था जो रुकने का नाम ही नहीं ले रहा था। नीलिमा बार-बार अपनी बचकानी हरकतों से भैया को हंसाने की जुगत में लगी थी। इन्हीं चुलबुली हरकतों को देखकर आखिरकार आदित्य हंस पड़ा। भैया को हंसते देखकर वह ओर अधिक चहकने लगी तथा धीरे-धीरे आदित्य भी उसके साथ खेल में शामिल हो गया। यहनजारा देखकर सभी नौकर भी स्तब्ध रह गये कि आज आदित्य के चेहरे पर मुस्कान कैसे आईधीरे-धीरे आदित्य का स्वभाव थोड़ा थोड़ा बदलता जा रहा था। आजकल आदित्य को छोटी बहन नीलिमा का साथ अच्छा लगने लगा था। अब दोनों बहन-भाई साथ खेलने लगे थे। दोनों बच्चों को खुश देखकर मानों नौकरों की भी जिम्मेदारी कुछ कम हो गयी थी।ऐसे ही धीरे-धीरे बच्चों ने मां और दादी के साथ समय बिताना शुरू किया। अब उनका किट्टी पार्टी में जाना भी कम हो गया था तथा बच्चों के साथ खुशनुमा समय भी गुजर रहा था। बाद में पिताजी और दादाजी भी छुट्टी वाले दिन परिवार के साथ समय बिताने लगे तथा सारा परिवार एक साथ पिकनिक पर भी जाने लगा। एक छोटी से शुरूआत ने पूरे परिवार को एकसाथ बैठने और खेलने का मौका दिया, जो शायद असंभव प्रतीत हो रहा था। अब घर का माहौल पहले जैसा सुस्त ना होकर चहल-पहल में तब्दील हो चुका था। एक छोटी सी बच्ची ने अपने चुलबुले स्वभाव से नीरस परिवार को हकीकत में हरे-भरे बगीचेजैसे महका दिया था। तभी तो नारी को प्रणाम कर घूंधली परछाई कहा जाता है।

"गरिमा की माहवारी"

राजस्थान बार्डर पर बसा एक छोटा सा गांव था. जिसका नाम था बहल इसी गांव में गरिमा नाम की एक लड़की रहती थी। उसका गांव हरियाणा में पड़ता था उसका बचपन खुले माहौल में बीता था। वह बहुत खुले विचारों की थी तथा अपनी हर बात अपने परिवार के साथ साझा करती थी। सबके बीच में बैठकर चुटकुले सुनाना, सबको हंसाना उसकी आदत में शुमार था।अपनी कक्षा में हमेशा प्रथम स्थान प्राप्त करती तथा अपने पापा की आंखों का तारा थी। गांव के ही स्कूल में वह पढ़ा करती थी पढ़ाई के साथ-साथ उसे सिलाई करना और गुड़िया से खेलना पसंद था वह चुपचाप अपना स्कूल का कार्य पूर्ण करती तथा फिर अपने कमरे में जाकर गुड़िया से खेलती थी। वह घर के काम में मम्मी का भी हाथ बंटाती थी।यह बहुत शांत स्वभाव की थी। उसके पापा उसे बार बार बोलते कि इतनी चुपचाप मत रहा कर, लेकिन उसे चुपचाप रहना ही पसंद था। वह बहुत ही शांति से अपना कार्य पूर्ण करती तथा फिर चुपचाप बैठ जाती थी। धीरे-धीरे गरिमा बढी होती जा रही थी तथा स्कूल की पढ़ाई पूर्ण कर स्नातक के लिये महाविद्यालय में दाखिला ले लिया था।आस-पड़ोस वाले और सभी रिश्तेदार बार-बार शादी के लिये दवाब बना रहे थे। वैसे देखा जाएतो अब शादी की उम्र भी हो ही रही थी, तो घरवालों ने गरिमा के लिये रिश्ता बूंढना शुरू करदिया था। एक बार एक रिश्तेदार ने गरिमा के लिये राजस्थान के एक शहर में रिश्ता बताया, जोहरियाणा बॉर्डर पर ही पड़ता था।गरिमा के पापा को लड़का पसंद आ गया तो शादी की बात पक्की करदी। दोनों के घरवाले शादी की तैयारियों में जूट गये थे। धीरे-धीरे शादी की तारीख नजदीक आ गयी थी तथा तैयारियां भी लगभग पूर्ण हो गयी थी। तय तिथि में मोहन गरिमा के घर बारात लेकर आया तथा सारी रस्में निभाकर ब्याह संपन्न हो गया। मोहन गरिमा को अपने साथ ले जाने को तैयार खड़ाथा।गरिमा के पापा भी बेटी की विदाई करते समय छुप छुपकर खूब रोये थे और रोएं भी तो क्यू ना पापा की आंखों का तारा जो ठहरी गरिमा अपने पापा के गले लगकर वह भी अपने आंसूओं को छुपा नहीं पा रही थी। कुछ समय बाद गाड़ी में बैठकर

गरिमा अपने ससुराल पहुंच चुकी थी। मोहन ने गरिमा के साथ पैर रखकर घर में प्रवेश किया। सास और ननद ने पूरे रीति रिवाजों के साथ सारी परंपरा निभाई। हालांकि मायके और ससुराल का माहौल काफी अलग था, फिर भी गरिमा अपने चुलबुले स्वभाव के कारण ससुराल में बहुत जल्दी घुल-मिल गयी थी। अब पहली बार गरिमा की माहवारी आई तो उसने बेहिचक अपनी सास को बता दिया कि उसकी माहवारी चल रही है, इसलिये पेट दर्द कर रहा है। उसकी बात सुनकर सास सुनंदा कुछ नहीं बोली, बस चुपचाप काम करती रही।ऐसे ही धीरे-धीरे समय बीत रहा था। कुछ महिनों बाद गरिमा को यह महसूस हुआ कि यहां सभी अपनी समस्याएं एक-दूसरे के साथ बांटने में हिचकिचाते थे। गरिमा ने अपनी मम्मी के साथ यह बात संकोचवश बताई तो वह भी कुछ समझ नहीं पाई गरिमा भी अब थोड़ी चुप-चुप रहने लगी। माहवारी के समय गरिमा को पेट दर्द ज्यादा होता था, तो वह परेशान हो जाती थी।चूंकी मोहन दूसरे शहर में जॉब करता था तो वह फोन पर ये बात बताने में संकोच कर रही थी। उसे समझ नहीं आ रहा था कि वह क्या करे एक बार उसने छोटी ननद वंशिका से भी बात करने की कोशिश की, लेकिन वह भी सास की तरह ही बिना उतर दिये चुप ही रही। ऐसे ही एक दिन बातों-बातों में गरिमा ने दोबारा वंशिका से पूछने की कोशिश तो उसने अजीब सा जवाब दिया कि यह गंदी बातें होती हैं। महावारी की बात किसी के साथ नहीं करनी चाहिये। सहसा ही गरिमा के मुंह से निकला क्या ?आखिर उसे इस जवाब का अंदेशा जो नहीं था। फिर वंशिका ने बताया कि वह खुद भी अपनी माताजी से यह बात छुपाकर रखती है सच में गरिमा को बहुत अजीब सा महसूस हो रहा था। संयोगवश इस बार महामारी के समय मोहन घर था, तो गरिमा ने मोहन को बताया कि उसका पेट दर्द हो रहा है। यह सुनकर मोहन बोला अच्छा और फिर हंसने लग गया।अब तो गरिमा के सब्र का पहाड़ टूट गया तथा वह जोर-जोर से रोने लग गयी। मोहन एक दमसे उसको रोता देखकर घबरा गया तथा गरिमा को चुप करवाने लगा। चुप होने के बाद मोहन नेसारी बात गरिमा से पूछी तथा बड़े आराम से उसको समझाया कि उसके घर का माहौल बचपनसे ऐसा ही था, तो सभी का व्यवहार भी ऐसा ही हो गया।गरिमा बहुत ही ध्यान से मोहन की बातें

सुन रही थी। मोहन बोले जा रहा था कि अब तूं आ गयी है ना, तो घर का माहौल भी धीरे-धीरे बदल जायेगा ऐसा कहकर मोहन गरिमा के सिर को सहलाने लग गया तथा कुछ समय बाद गरिमा को नींद आ गयी। तभी तो कहा जाता है कि एक औरत चाहे तो क्या नहीं कर सकती।

"लक्ष्मी का समर्पण"

हरियाणा के एक छोटे से गांव में एक लड़की का जन्म हुआ। घर वालों ने बड़े ही चाव से उसका नाम लक्ष्मी रखा। एकदम बेपरवाह व्यवहार वाली लड़की लक्ष्मी सारा दिन गली में खेलती रहती थी। लक्ष्मी बोलने में बिल्कुल मुंहफट थी जो भी चीज उसे पसंद नहीं आती उसके बारे में सब कुछ बता दिया करती थी।छह भाई-बहनों में लक्ष्मी सबसे छोटी थी तथा सबसे शरारती भी। गली में बच्चों के साथ खेलना लड़ाई करना मारना पीटना शरारते करना सब उसके लिए आम बात थी। पड़ोसी जब भी लक्ष्मी की शिकायत करने घर आते तो घर वाले भी लक्ष्मी को डांटते थे। कितनी शरारती होने के बावजूद भी उसकी अच्छी बात यह थी कि वह पढ़ाई में भी अपना पूरा ध्यान रखती थी तथा कक्षा में हमेशा अव्वल रहती थी।बेवजह कभी किसी के साथ लड़ाई नहीं करना, कभी भी अपने से बड़े को उल्टा जवाब ना देना, ना ही कभी बड़ों की बात टालना उसकी खासियत थी। बस कमी इतनी सी थी जो बात उसे पसंद नहीं होती उसके बारे में वह सामने वाले को मुंह पर ही बोल देती फिर चाहे वह बड़ा हो या छोटा । बहुत बार चाचा ताऊ शिकायत करते थे कि यह सब सही नहीं है लक्ष्मी सब अपनी मर्जी के अनुसार ही करती है। लक्ष्मी के पिताजी रामवीर सिंह ने ना कभी पड़ोसियों की शिकायत सुनी ना ही कभी लक्ष्मी को रोका। शैतानियों की वजह से घर में भी अक्सर टूट-फूट होती रहती थी तथा माता जी से मार खाना भी लक्ष्मी के लिए आम था। लक्ष्मी का अपना अलग ही स्वभाव था। वह अपनी ही मस्ती में रहती तथा खेलती रहती। धीरे धीरे घरवालों को लक्ष्मी की पढ़ाई की चिंता सताने लगी।जैसे जैसे वह बड़ी क्लास में हुई घरवालों की चिंता बढ़ती गई। उन्होंने सोचा छठी क्लास में तो सब चल जाता है बड़ी क्लास में ज्यादा समय पढ़ाई को देना पड़ता है लेकिन लक्ष्मी है कि पहले अनुसार ही चलती रहती है। स्कूल से घर आकर लक्ष्मी दिया हुआ लिखने का कार्य पूर्ण करती तथा गली में खेलने चली जाती। ऐसा करते करते हुए दसवीं कक्षा में आ गई।अब घर वालों ने लक्ष्मी का बाहर निकलना और खेलना कम करवा दिया था कि ढंग से

पढ़ के अच्छे नंबरों से बोर्ड की परीक्षा में उत्तीर्ण हो। लेकिन लक्ष्मी थी कि अपने ही दिमाग से चलने वाली उसका घर पर मन नहीं लगता था। वह घर वालों को चकमा देकर फिर खेलने भाग जाती थी। उसे पढ़ना तो अच्छा लगता है था लेकिन किताबें लेकर बहुत देर तक बैठना बिल्कुल भी नहीं।पेपर होने पर घर वालों को समझाती कि उसने अपनी पढ़ाई करली है लेकिन वह मानने को तैयार ही नहीं थे। पड़ोस के सभी बच्चे रात को देर तक पढ़ते थे तो सुबह जल्दी उठकर दोबारा पढ़ते थे लेकिन लक्ष्मी का तो बोर्ड की कक्षा में भी पहले का सा ही रूटीन था। इसलिए घरवालों की चिंता करना जायज था। छुप-छुपकर खेलने जाने की वजह से लक्ष्मी की खूब पिटाई हुआ करती थी। दसवीं की परीक्षा की तिथि घोषित हो गई थी लेकिन लक्ष्मी में बिल्कुल भी सुधार नहीं था। वह बस थोड़ी देर किताबे पढ़ ले और मस्त रहे। ऐसा करते-करते दसवीं के सारे पेपर पूरे हो गए तथा सभी परिणाम घोषित होने का इंतजार करने लगे। उस समय ऑनलाइन परिणाम नहीं आया करते थे। समाचार पत्रों में ही सब के रोल नंबर सहित परिणाम आया करता था। जिस दिन परिणाम आना था उस दिन लक्ष्मी सुबह जल्दी बस स्टैंड पर अखबार लेने निकल गई। दुकान से अखबार खरीद कर घर लौटते समय रास्ते में ही खाली खड़ी रेहड़ी पर अखबार रख कर अपना नाम ढूंढने लगी। अपना नाम अखबार में देखकर अखबार को कहीं छुपा कर मुंह लटकाकर लक्ष्मी घर आ गई।घर पहुंचते ही माताजी ने कहा पास हुई या फेल। लक्ष्मी कुछ नहीं बोली बस गर्दन नीचे कर खड़ी रही। मम्मी के बार बार पूछने पर भी वह कुछ नहीं बोली। अब तो मम्मी को बहुत तेज गुस्सा आ गया। उन्होंने लक्ष्मी की पिटाई करने के लिए अपनी चप्पल उतारी तो वह भागकर घर से बाहर निकल गई। थोड़ी देर में उसके पापा घर आए तो मम्मी ने सारी बातें उनको बतादी। अब तो पापा भी गुस्से से आग बबूला हो गए थे।दोनों को यही लगा कि वह फेल हो गई है, इसलिए पिटाई के डर से बाहर भाग गई। थोड़ी देर में पड़ोसी लीलाधर उनके घर आया तथा बोला अरे रामजी तेरी छोरी तो बहुत होशियार है प्रथम श्रेणी से पास हुई है और एक मेरा बेटा है जो फेल हो गया, सारा दिन किताबे लेकर बैठा रहता था। रामवीर सिंह को तो मानो कानों सुनी पर विश्वास ही नहीं हो रहा था। उसने दोबारा

लीलाधर से पूछा क्या कह रहे हो प्रथम श्रेणी से पास हुई है। हां भाई रामवीर प्रथम श्रेणी से पास हुई है फिर भी तुम मुंह लटका कर के बैठे हो। ऐसा कह कर लीलाधर ने रामवीर को अखबार दिखाया। अखबार में लक्ष्मी का रोल नंबर देखकर दोनों को वास्तविकता का पता चला।लक्ष्मी दिनभर बाहर घूमती रही। खेलने की शौकिन लक्ष्मी बाहर निकलने का मौका कभी चूकती नहीं थी। शाम को वह घर आकर वही नाटक दोबारा करने लगी और मुंह लटका कर खड़ी हो गई। रामवीर सिंह और मां रामरति ने बिना बोले ही लक्ष्मी को गले लगा लिया। उसके बाद उन्होंने कभी भी लक्ष्मी को खेलने से नहीं रोका। लक्ष्मी ने भी कभी अपने मां-बाप को शिकायत का मौका नहीं दिया।ऐसे करते करते लक्ष्मी की कॉलेज की पढ़ाई प्रथम श्रेणी से पूर्ण हो गई। घरवाले लक्ष्मी का रिश्ता करने के लिए लड़का देखने लगे। एक दिन जैसलमेर राजस्थान से लक्ष्मी के लिए रिश्ता आया तो घरवाले लड़का देखने के लिए जैसलमेर रवाना हो गए। पहली नजर में ही घर वालों को लड़का पसंद आ गया।अगले ही रविवार को लड़के वालों को लक्ष्मी को देखने आना था तो सभी तैयारियों में जुट गए। रविवार को सुबह सुबह लड़के वाले लक्ष्मी के घर आ चुके थे। लक्ष्मी चाय लेकर मेहमानों के पास गई तो यकायक तेजवीर और लक्ष्मी की नज़र मिली। पहली मुलाकात बस मुस्कुराहट के साथ ही सिमट गई थी। नाश्ता करवाने के बाद लक्ष्मी को तेजवीर से मिलवाया गया। तेजवीर ने लक्ष्मी से जो भी बातें पूछी उसने बड़ी ही शालीनता से उनका जवाब दिया। पहली ही नजर में दोनों ने एक दूजे को पसंद कर लिया। घरवालों ने भी चट मंगनी पट ब्याह की तर्ज पर सगाई कर दी तथा दो महीने बाद शादी की तारीख भी । समय कम था तो दोनों ही परिवार शादी की तैयारियों में लग गए। शादी से पहले उनकी बस एक बार ही मुलाकात हुई, जिस दिन सभी कपड़े खरीदने आए थे। लक्ष्मी ससुराल की परिस्थितियों से बिल्कुल अनजान थी। लक्ष्मी शांत स्वभाव की थी और थोड़ी सी चुलबुली भी। तेजवीर को भी कम बोलना ही पसंद था तथा शर्मीला स्वभाव होने के कारण अपने मन की बात मन में ही रख लिया करता था।आखिरकार शादी की तारीख भी आ गई। रीति-रिवाजों के साथ दोनों की शादी हो गई तथा लक्ष्मी ब्याह कर अपने ससुराल चली गई। लक्ष्मी के पीहर और

ससुराल का माहौल और वातावरण बिल्कुल अलग था। वहां हरियाणा की तरह खुलकर नहीं रहते थे। लडकी और बहू पर अलग ही प्रकार की पाबंदियां लगाई जाती थी। सारे परिवार वाले एक साथ बैठकर बातें करने में भी हिचकिचाते थे।लक्ष्मी की ननंद मोहिनी और पति तेजवीर भी आपस में बहुत कम बातें करते थे। पहले तो लक्ष्मी को बहुत परेशानी हुई लेकिन धीरे-धीरे सामंजस्य बिठाना शुरू कर दिया। आपस में कम बातें करने की वजह से तेजवीर और लक्ष्मी को समझने में थोड़ा समय लगा। लक्ष्मी अक्सर अपनी मम्मी के साथ सारी बातें शेयर किया करती थी।शुरू में तो उसकी मम्मी को भी विश्वास नहीं हुआ कि वहां का कैसा माहौल है। इसके बाद मम्मी ने लक्ष्मी को समझाया कि धीरे-धीरे सब सही हो जाएगा दूसरे परिवार में सामंजस्य बिठाने में थोड़ा वक्त तो लगता ही है। चुलबुली लक्ष्मी शांत शांत सी रहने लगी। धीरे-धीरे लक्ष्मी ने मोहिनी के साथ बात करना शुरू किया।मोहिनी भी लक्ष्मी के साथ खुलकर बातें नहीं किया करते थी। पहली बार नवरात्रों का त्यौहार आया तो लक्ष्मी ने मोहिनी को कहा कि वह भी नवरात्रों का उपवास रखना चाहती है। लक्ष्मी और मोहिनी दोनों ने नवरात्रों के उपवास रखे तथा थोड़ा सा नजदीक आने का भी मौका मिला। इसी समय बीतता गया तथा धीरे-धीरे मोहिनी लक्ष्मी के साथ खुल कर बातें करने लगी।मोहिनी ने अपने परिवार के माहौल के बारे में लक्ष्मी को समझाया कि कैसे यहां पीढ़ी दर पीढ़ी परंपरा चलती आ रही है। लड़के और लड़कियों में हर चीज में भेदभाव किया जाता है। वह लड़कियां मार्केट नहीं जा सकती थी जींस नहीं पहन सकती थी। कहीं भी बाहर जाने के लिए अपने भाई या पिताजी को साथ ले जाना अनिवार्य होता है। घर में जब गोंद के लड्डू वगैरह कुछ बनाए जाते हैं तो सिर्फ लड़के को ही खाने को दिए जाते थे। लड़की को अच्छा खाना भी तभी मिलता था जब उसकी शादी की तारीख नजदीक होती थी। यह सब बातें बहुत अजीब लगती थी। दरवाजे की कोई घंटी बजी तो उसको खोलने के लिए भी लड़कियां दरवाजे तक नहीं जाती थी। लड़के ही दरवाजा खोला करते थे। बेटियों के साथ साथ यही हालात बहुओं के भी थे।तेजवीर लक्ष्मी को समझता तो था लेकिन कहीं ना कहीं दिमाग में हिचकिचाहट थी। लक्ष्मी ने आगे बढ़कर अपने सास-ससुर के साथ बातें

करना शुरू किया। तेजवीर के साथ थी बार-बार बातें करने का प्रयास करती तथा तेजवीर का हर समय साथ देती। परिस्थितियो की वजह से तेजवीर को भी गुस्सा बहुत जल्दी आ जाता था। लक्ष्मी तेजवीर से परिवार के बारे में जानने की कोशिश करती तथा तेजवीर की आदतों के बारे में भी बार-बार पूछती रहती।शुरू शुरू में तो तेजवीर को बहुत तेज गुस्सा आता था। वह लक्ष्मी को बहुत चाहता था लेकिन अपने दिल की बात कहने में हमेशा शर्माता रहता। लक्ष्मी तेजवीर का दिमाग सही करने की बहुत कोशिश की। तेजवीर भी लक्ष्मी के साथ थोड़ा सा अपने मन की बातें शेयर करने लग गया। लेकिन ज्यादातर बार गुस्से में ही रहता वह चुपचाप सोचती रहती की कैसे माहौल को बदला जाए। लक्ष्मी ने सबसे रिश्ता तोड़ लिया क्योंकि लक्ष्मी का मकसद सिर्फ तेजवीर को खुश रखना बन गया था। लक्ष्मी अपना सारा समय तेजवीर को देने की कोशिश करती थी। अपने ससुराल में भी सास-ससुर ननंद के अलावा किसी पड़ोसी या किसी अन्य रिश्तेदार से बातें नहीं करती थी। कम बातें करना लक्ष्मी का शुरू से ही स्वभाव था।लक्ष्मी हर समय तेजवीर के बारे में जानने की कोशिश में लगी रहती । लक्ष्मी ने तेजवीर को जानना शुरू किया तथा उसके अनुसार ही स्वयं को ढालना भी। लक्ष्मी साथ-साथ सरकारी नौकरी की भी तैयारी करती थी। जब भी तेजवीर को गुस्सा आता लक्ष्मी चुपचाप तेजवीर को सुनती रहती, चाहे तेजवीर कुछ भी बोलता रहे। जब तेजवीर का गुस्सा शांत हो जाता तब लक्ष्मी बड़े ही प्यार से अपनी बात तेजवीर के सामने रखती ।फिर तेजवीर में बदलाव आने लगा। उसे खुद को यह महसूस होने लगा कि कहीं ना कहीं बदलाव की आवश्यकता है। वैसे तो तेजवीर ने कभी लक्ष्मी को बाजार जाने से नहीं रोका और ना ही कभी घुंघट करने को कहा। लेकिन तेजवीर खुद परेशान रहता था तो लक्ष्मी को अच्छा नहीं लगता था। वह हमेशा यही सोचती रहती की मैं ऐसा क्या करूं जिससे तेजवीर खुश रहने लगे। लक्ष्मी अपने ससुराल वालों के साथ बोलने का प्रयास करती रहती थी। हल्का-हल्का माहौल परिवर्तन होने लगा। हर घर में बहू घूंघट निकाल कर रहती थी। उनके साथ साथ बेटियां भी अपने सिर पर चुन्नी रखकर रहती थी। लक्ष्मी के सास ससुर तो इस पक्ष में थे कि लक्ष्मी भी घूंघट निकाले । तेजवीर रूढ़ीवादी परंपराओं के

विरुद्ध तो था, लेकिन पारिवारिक परिस्थितियों ने दिमाग ऐसा बना दिया था की तेजवीर बहुत चुपचाप रहता था। लेकिन लक्ष्मी पर कभी घुंघट के लिए दवाब नहीं बनाया।लक्ष्मी ने सास-ससुर को भी समझाया कि घूंघट निकालने मात्र से सास-ससुर की सेवा नहीं होती। ससुर के प्रति इज्जत बहू के मन में होती है। लक्ष्मी ने पड़ोस के कई उदाहरण भी दिखाएं जो बहुए घूंघट में रहकर अपने सास-ससुर से हमेशा लड़ती रहती थी। घूंघट प्रथा का क्या फायदा जो घूंघट की आड़ में मुंह आए वही सास ससुर को सुनाए ।लक्ष्मी का प्यार और समर्पण देख तेजवीर हकीकत में बहुत बदल गया। अब तेजवीर लक्ष्मी को पूरी तरह समझ चुका था तथा आपने मन की बातें भी शेयर करने लगा था। तेजवीर पहले सा चिड़चिड़ा ना रहकर कर खुलकर लक्ष्मी के साथ जिंदगी जीने लगा था।कहा जाता है कि नारी ही परिवार की धूरी होती है। नारी ही धुंधली परछाई है जो विभिन्न रंग रूप में पुरुष के साथ हमेशा विद्यमान रहती है। तभी तो लक्ष्मी ने तेजवीर को लक्ष्मी का चुलबुला तेजवीर बना दिया।

"वंश चलाने की भूख"

एक समय की बात है। हीरापुरा गांव में श्याम लाल का परिवार रहता था। इस परिवार को गांव के समृद्ध परिवारों में गिना जाता था। श्यामलाल विश्वविद्यालय में प्रोफेसर पद से रिटायर्ड थे तथा उनकी पत्नी शकुंतला बैंक में मैनेजर पद पर कार्यरत थी। उनके एक बेटा था जिसका नाम समीर था। समीर ने अभी-अभी इंजीनियरिंग की पढ़ाई पूरी की थी तथा नौकरी की तलाश में था। भगवान की कृपा से उनके घर पैसे की कोई कमी नहीं थी। सारे गांव वाले उनके परिवार की बहुत इज्जत करते थे। कुछ समय बाद समीर को पुणे में नौकरी मिल गई थी तथा एक महीने बाद जॉइनिंग करने के लिए पुणे जाना था। शकुंतला और श्यामलाल बेटे के नौकरी पर जाने की तैयारी करने लगे। भावुक होकर शकुंतला ने समीर को गले लगाया था पुणे के लिए विदा किया। नौकरी लगे अभी 1 साल भी नहीं हुआ था कि घर वाले शादी के लिए लड़की देखने लगे। रविवार के दिन श्यामलाल और शकुंतला दोनों बगीचे में बैठकर अखबार पढ़ रहे थे। तभी अचानक फोन की घंटी बजी तो माली काका भागकर फोन उठा लाया। पुराने परिचित रामबाबू का फोन था। रामबाबू लगभग 15 साल पहले श्यामलाल के साथ नौकरी किया करता था। इतने दिनों बाद अचानक पुराने मित्र से बात करके श्यामलाल बहुत खुश हुआ। दोनों ही अपनी पुरानी यादों में खो गए। बातों ही बातों में कब आधा घंटा बीत गया पता ही नहीं चला। घर परिवार वालों के हाल-चाल पूछते पूछते रामबाबू ने बताया कि उनकी बेटी सुधा इंजीनियरिंग पूरी कर महाराष्ट्र कंपनी में जॉब कर रही है तथा अब शादी लायक हो गई है। तभी रामबाबू ने यह भी बताया कि सुधा के लिए अब रिश्ता देख रहे हैं। कोई अच्छा लड़का मिल जाए तो चट मंगनी पट ब्याह भी कर देंगे। राम बाबू का बस इतना बोलना था कि श्यामलाल एकदम से बोला। अरे मेरे जिगरी यार रामबाबू लड़का ढूंढ क्या रहे हो, समझो मिल ही गया। रामबाबू कुछ समझा नहीं तो ने बताया कि उनका बेटा समीर भी शादी लायक हो गया है तथा नौकरी भी करने लगा है। श्यामलाल की बातें सुनकर रामबाबू भी बहुत खुश

हुआ। आपसी बातचीत के बाद दोनों ने निर्णय लिया कि बच्चों से बात करके शादी की बात को आगे बढ़ाएंगे। ऐसा बोलकर फोन रख दिया तथा श्यामलाल ने सारी बातें शकुंतला को बताई। शकुंतला भी रिश्ते के लिए तैयार हो गई। शकुंतला की रिटायरमेंट में 3 साल के करीब बचे थे। स्वभाव से शकुंतला थोड़ी लालची थी। श्यामलाल ने बीफोन करके समीर को सारी बातें बताई। पापा की बात सुनकर समीर एकदम से चुप हो गया। बार बार पूछने पर समीर बोला कि हम दोनों कंपनी में नौकरी करेंगे तो आपकी सेवा कौन करेगा। समीर की ऐसी बातें सुनकर शकुंतला ने कहा कि मुझे तो नौकरी वाली बहू ही चाहिए। मां की जिद के सामने समीर ने शादी के लिए हां भर ली। लगभग 2 महीने बाद दिवाली का त्यौहार आया तथा संयोगवश सुधा और समीर का भी घर आना हुआ। दोनो परिवारों ने आपस में मिलने की योजना बनाई। समीर के परिवार वाले सुधा के घर गए तथा उसी दिन रिश्ता भी पक्का कर दिया। छुट्टियों के बाद सुधा और समीर दोनों वापस नौकरी पर चले गए। 4 महीने बाद शुभ मुहूर्त देखकर शादी की तारीख भी पक्की कर दी गई। तय समय पर सुधा और समीर शादी के बंधन में बंध गए। सुधा ब्याहकर अपनी ससुराल आ गई। शादी के दो साल बाद शकुंतला भी रिटायर हो गई। घर पर रहकर शकुंतला का दिमाग अनपढ़ औरतों जैसा हो गया। सारा दिन मोहल्ले में औरतों के साथ बैठकर गप्पे लड़ाती। समीर और सुधा की शादी को 4 वर्ष हो गए थे। आस पड़ोस की औरतें शकुंतला को बोलने लगी कि सुधा के बच्चे क्यों नहीं हो रहे। कुछ ना कुछ तो गड़बड़ है। वैसे तो पहले ही शकुन्तला का थोड़ा संकुचित दिमाग था। अब सारा दिन पड़ोस वाली औरतों की बातें सुनकर शकुंतला ओर ज्यादा वहमी हो चली थी। धीरे-धीरे शकुंतला ने सुधा को टोकना शुरू कर दिया। शुरुआत में तो सुधा चुप रही, लेकिन बाद में वह भी समीर को मां की शिकायत करने लगी। शकुंतला ने घर में कलेश कर सुधा की नौकरी छुड़वा दी। श्यमलाल ने बार-बार शकुंतला को समझाया लेकिन उसने एक ना सुनी। आए रोज किसी न किसी झाड़-फूंक वाले के यहां चली जाती। इस हरकत से सुधा बिल्कुल टूट चुकी थी और समीर भी निराश रहने लगा था। समीर सुधा से बहुत प्यार करता था लेकिन मां के आगे नतमस्तक था। आखिरकार

एक दिन ऐसा आया जब शकुंतला ने समीर के साथ मिलकर सुधा को जलाकर मार दिया। पडोस में सबको बताया गया की सिलेंडर फटने से किचन में आग लग गई और सुधा जल गई। अत्यधिक तत्परता के साथ शकुंतला ने समीर की शादी वैशाली के साथ कर दी। कहते हैं ना कि जो किस्मत को मंजूर होता है वही होता है। शादी के 5 साल बाद भी वैशाली के बच्चे नहीं हुए। वैशाली पढ़ी लिखी और समझदार लड़की थी। वह घर पर बिना बताए समीर के साथ चैकअप के लिए डॉक्टर के पास गई। चैकअप करवा कर दोपहर बाद दोनों घर आ गए। शाम को डॉक्टर की रिपोर्ट आई जो बेहद चौंकाने वाली थी। इस रिपोर्ट में लिखा था कि समीर मर्द नहीं है वह कभी बच्चे पैदा नहीं कर सकता। इस घटना को समीर बर्दास्त नहीं कर सका तथा हार्ट अटैक से निधन हो गया। शकुंतला के सिर्फ वंश चलाने की भूख ने सुधा और समीर की जिंदगी लील दी तथा वैशाली को जीते जी लाश बना दिया। इसीलिए कहा जाता है कि भगवान ने हमे जो भी दिया है उसमे संतुष्ट होकर सकारात्मक कर्म करते हुए सबको अपने परिवार के साथ मिलकर रहना चाहिए।

"सरकारी नौकरी वाली स्नेहलता"

राजस्थान राज्य के बाड़मेर जिले में एक सरकारी दफ्तर का नजारा है। दफ्तर में बहुत सारे कर्मचारी बैठे गप्पे मार रहे हैं। जैसा हमने किताबों में पढ़ा था कि सरकारी दफ्तरों में सुस्त सा माहौल जी हां बिलकुल वैसा ही माहौल यहां भी है। सारे के सारे कर्मचारी सुस्ताए बैठे हैं। कोई कुर्सी पर पैर रखकर बीड़ी पी रहा है तो कोई एक दूसरे की चुगली में व्यस्त है। सहसा ही दफ्तर में स्नेह लता प्रवेश करती है। स्नेहलता के साथ उसका पति और दो छोटे-छोटे बच्चे भी हैं।वही चिर परिचित अंदाज में सारे दफ़्तर वाले आंखे फाड़ फाड़ कर स्नेहलता और उसके परिवार को घूर रहे थे, लेकिन कोई कुछ बोल नहीं रहा था। स्नेहलता ने अपने बच्चों को बिठाया तथा चपड़ासी से मुख्य अधिकारी का कमरा पूछकर आगे बढ़ गई। स्नेहलता की सरकारी नौकरी लगी थी तथा वह ज्वॉइन करने उस दफ़्तर में गई थी। पहला दिन था तो वह बिना कुछ बोले चुपचाप सारी बातें सुन रही थी। लगभग 5 घंटे इंतजार करवाने के बाद उसके दस्तावेज चैक किए गए तथा कुछ कमियां बताकर 3 दिन का समय देकर वापिस भेज दिया। 3 दिन बाद दोबारा स्नेहलता ने दस्तावेज चैक करवाकर ज्वॉइन कर लिया तथा अगले दिन से ड्यूटी पर आने लगी। वहां का मौहाल देखकर स्नेहलता का सिर दर्द करता था। ना तो कोई कर्मचारी समय पर दफ़्तर आता था और न ही ढंग से काम किया जाता था। सारा दिन गप्पे लड़ाकर टाइम पास करते रहते थे। सारा दिन नवल की चाय पीना उनकी आदत में शुमार था। जो कर्मचारी अनुपस्थित होता, हाजिर वाले सारे उसकी चुगली करते रहते थे। नए आने वाले कर्मचारियों को भी वो अपने में मिला लेते थे और अपने जैसा ही बना लेते थे।जो उनके साथ बैठकर उनकी बातों में शामिल नहीं होता, सारे मिलकर उसको परेशान करना और ताने सुनाना शुरू कर देते थे। स्नेहलता को कम बोलना पसंद था तथा वह चाय भी नहीं पीती थी। इसलिए वह उनकी महफिल से सदा दूर ही रहती। उसी दफ़्तर में 3-4 और लड़कियां भी काम करती थी, जिनके नाम पूनम, अंजली, राधा और नीलम थे। वो सब की सब महफिल में बैठकर गप्पे लड़ाती थी। उनको नौकरी लगे समय तो कम ही हुआ था

लेकिन पुराने वाले कर्मचारियों के साथ रहकर उनके ही जैसी हो गई थी।जब कभी ज्यादातर पुरुष स्टाफ अवकाश पर होता तो वो लड़कियां स्नेहलता के साथ बातें करने की, अपनी महफिल में शामिल करने की कोशिश करती। स्नेहलता थोड़ी मुंह फट थी तो वह सीधा बोल देती कि मुझे चुगली करने का कोई शौक नहीं है, तो मेरे साथ ऐसी बातें मत किया करो। सारा स्टाफ बेवजह ही स्नेहलता से चिड़ने लगा था। स्नेहलता समय पर ड्यूटी आती तथा चुपचाप अपने काम में लगी रहती। ज्यादातर स्टाफ शाम को लेट तक घर जाता था, लेकिन स्नेहलता दफ्तर का समय पूरा होते होते ही घर चली जाती थी। स्नेहलता को किताबें पढ़ने और साहित्य लेखन में रूची थी।

वह पूरे दिन अपना काम करती रहती तथा खाली समय में अपनी पढ़ाई करती रहती। सारा स्टाफ बेवजह ही स्नेहलता का विरोधी हो गया था। स्नेहलता की सीधे मूंह पर बोलने वाली आदत से सारे उसे घमंडी कहने लगे थे। मौका मिलते ही सारे मिलकर बड़े अधिकारियों से स्नेहलता की शिकायत करते थे। यह घर जल्दी चली जाती है, काम नहीं करती और भी ना जाने क्या क्या। उनकी शिकायत के बावजूद भी बड़े अधिकारी कुछ नहीं कह पाते थे क्योंकि स्नेहलता का काम हमेशा पूर्ण होता था तथा वह समय पर ऑफिस आती थी। उसकी कर्तव्यनिष्ठा से काम करने की शैली की वजह से उच्च अधिकारियों को कभी डांटने का मौका ही नहीं मिलता था।

उसके विभाग ने हर साल विभागीय वार्षिक उत्सव होता था, जिसका नाम उन्होंने विभागीय खेल रखा हुआ था।उनकी अपनी एक अलग ही परिपाटी थी कि वो इस उत्सव में लड़कियों को नहीं ले जाते थे। सिर्फ पुरुष कर्मचारी टीम बनाकर जाते, बिना खेल कूद में हिस्सा लिए मटर गस्ति करके वापिस आ जाते थे। इस बार स्नेहलता जिद् करने लगी कि मै भी खेलों में जाऊंगी तो उच्च अधिकारियों के निर्देशों की पालना में सबको झुकना पड़ा। इस बार स्नेहलता खेल उत्सव से पदक जीतकर वापिस आई थी तो सब और ज्यादा ईर्ष्या करने लगे। एक बार का किस्सा है, उसी दफ़्तर की महिला कर्मचारी नीलम गर्भवती थी तो डॉक्टर ने उसे फुल रेस्ट की सलाह दी थी। नीलम ने प्रशासन अधिकारी

अरविंद शर्मा से अवकाश हेतु निवेदन किया। वैसे तो वहां हर लड़की के साथ सौतैला व्यवहार किया जाता था।इसी के चलते नीलम को अवकाश स्वीकृत नहीं किया गया तथा वह नियमित रूप से ड्यूटी पर आती रही। लगातार बैठने के कारण नीलम को गर्भ के आठवें महीने में गर्भपात हो गया। कुछ दिन रो धोकर हाथ पर हाथ धरकर बैठ गई, लेकिन विरोध करने की हिम्मत न कर सकी। इसी ऑफिस में महिला उत्पीडन शिकायत निवारण कमेटी भी बनी हुई थी, जो सिर्फ कागजों तक ही सीमित थी।

प्रशासन अधिकारी अरविंद शर्मा तो अपने अधीनस्थ कर्मचारियों का नुकसान करने का आदी हो गया था तथा खुद को वहां का मालिक समझता था।इसी क्रम में एक बार राधा की सास की तबियत ज्यादा खराब हो गई तो उसने शर्मा जी फोन पर सूचना दी कि वह ऑफिस आने में असमर्थ है। शर्मा जी तो थे आदत से लाचार झट पट से बोले बिना अवकाश स्वीकृत करवाए अवकाश पर रही तो अनुशासनात्मक कार्यवाही की जाएगी। अरे ये क्या हुआ भी ऐसा ही 5 दिन बाद जब वह ड्यूटी पर आई तो उसके हाथ में सस्पैंड का पत्र थमा दिया था, जिसमे लिखा था कि बिना सूचना दिए अवकाश पर प्रस्थान करने के जुर्म में आपको सस्पैंड किया जाता है।

लगभग 7 माह तक अधिकारियों के आगे हाथ जोड़कर, उनके दफ्तरों के चक्कर कटकर उसको दोबारा बहाल किया गया। इतने बड़े नुकसान के बाद भी राधा को उनकी टोली में बैठना ही पसंद था, और हो भी क्यों ना शर्मा जी का भय जंगल की आग की भांति फैला हुआ था।ऐसे ही एक बार पूनम खंडेलवाल को अपनी पढ़ाई के लिए अन्नाप्ति प्रमाण पत्र की आवश्यकता थी, जिसके लिए उसने ऑफिस में निवेदन किया था। अपनी आदतों और दादाशाही के चलते उसको प्रमाण पत्र नहीं दिया गया। उस प्रमाण पत्र के ना मिलने की स्थिति में पूनम को भूत आर्थिक खामियाजा भुगतना पड़ा था। इसके विपरित लड़को को अनावश्यक छूट दी हुई थी। वो पुरे पुरे दिन ऑफिस नहीं आते तथा अगले दिन आकर दोनो दिन के हस्ताक्षर कर देते थे। ऑफिस ऑफिस ना होकर एक धर्मशाला बना हुआ था। सबको रिश्वत लेने, चुगली करने

की आदत हो गई थी।स्नेहलता अपने हक की लड़ाई लड़ती थी तथा लड़ झगड़कर अपने हक की मांग मनवा लेती थी। बाकी लड़कियों में लड़ाई लड़ने की हिम्मत तो थी नहीं उल्टा स्नेहलता से ईर्ष्या करती थी कि इसका सारा काम हो जाता है। ऐसे ही समय निकलता जा रहा था। लड़ाई झगड़ों के किस्से रोजाना का ही काम था। स्नेहलता के जिद्दी और कर्मठ स्वभाव के चलते सबको उसके सामने झुकना ही पड़ता था, लेकिन सभी उसे आजमाने और परेशान करने का मौका कभी नहीं छोड़ते थे तथा हर दूसरे दिन उच्च अधिकारियों के कान भरने से बाज नहीं आते थे।

स्नेहलता को नौकरी करते करते 5 साल हो गए थे। एक दिन उसके ट्रांसफर के आदेश जारी ही गए। शर्मा जी तो अपने आदत के मुताबिक रिलीव आदेश जारी नहीं कर रहा था। स्नेहलता ने 8 दिनों तक शर्मा जी को निवेदन किया कि आदेश जारी कर दो, लेकिन उसके कानों पर जूं तक नहीं रेंगी। इसके बाद स्नेहलता के आदेश जारी हो गए लेकिन हाथ में नहीं दिए गए। दूसरे कर्मचारी को चार्ज नहीं लेने दिया तथा कुछ फाइल भी गायब कर दी गई।

स्नेहलता के द्वारा दोबारा निवेदन करने पर शर्मा जी गाली गैलोच करने लग गया। स्नेहलता के सिर के ऊपर से पानी फिर गया था तो उसने शर्मा जी की धुनाई करदी। थप्पड़, मुक्के, लात खाकर वह सकपका गया।आनन फानन में स्नेहलता के सस्पैंड आदेश निकल दिए गए और खूब हंगामा किया गया। मीडिया वालो को भी बुलाया गया। जिन लड़कियों का शर्मा जी ने नुकसान किया था वो भी दर कनमारे सारी स्नेहलता के विरोध में खड़ी थी। स्नेहलता अपनी जगह सही थी तो आखिरकार शर्मा जी को झुकना पड़ा तथा स्नेहलता वहां से रिलीव होकर नई जगह ज्वाइनिंग के लिए चली गई।

अफसोस ये हुआ कि वहां भी हालत जस के तस थे। हर काम में बाधा उत्पन्न की जाती थी। जो चापलूसी करते वो नजदीक और जो गलत में साथ ना दे उसको दूर ड्यूटी दे दी जाती थी।स्नेहलता बस यही सोच रही थी कि क्या हर सरकारी कार्यालय में यहीं हालात हैं। यह मेरा व्यक्तिगत अनुभव है कि लड़की को हार कदम पर दबाया जाता है। जो

डरकर बैठ जाएगी, उसको शोषण का शिकार होना पड़ेगा और जो अपने हक के लिए आवाज उठाएगी, गलत का विरोध करेगी उसको कठिनाइयों का सामना तो करना पड़ेगा, लेकिन कभी सिर झुकाने की आवश्यक्ता नहीं पड़ेगी। नारी शक्ति महान है, वो जो चाहे अपने बलबूते पर कर सकती है। इसलिए सच्चाई के रास्ते पर चलते हुए हमें मुसीबत का सामना करना चाहिए।

" नखरीली शालू "

बैंगलोर में रहने वाली शालू बहुत ही घमंडी स्वभाव की थी। वह अपनी नाक पर मक्खी तक को नहीं बैठने देती थी। उसका पति हिमांशु काफी पैसे वाला था। वह अपने पति से बहुत प्यार करती थी और कभी कभी इतराने के चक्कर में लड़ाई भी करती थी। शालू को बड़ी बड़ी हांकने और झूठी बडाईयों का बहुत शौक था। सारा दिन सहेलियों से अपने परिवार और मायके वालों की प्रशंसा करती रहती थी। हिमांशु उसे बहुत समझता कि पैसे का घमंड नहीं करना चाहिए, लेकिन उसके कानों पर जूं तक नहीं रेंगती थी।शाम को पार्क में घूमने जाती तो वहां भी ऐसे ही डींग हांकती रहती थी। शालू को किटी पार्टी में जाने का बहुत शौक था। दोनो अपनी जिंदगी में व्यस्त रहते थे। हिमांशू दिन भर कंपनी का काम संभालता। शालू दिन भर किटी पार्टी और सजने संवरने में लगी रहती। पति के पैसे के घमंड में उसने आगे की पढ़ाई भी छोड़ दी थी।आस पड़ोस में सभी उसे घमंडी कहते थे। एक दिन शालू को किसी काम से बाजार जाना था और गाड़ी ड्राइवर छुट्टी पर था। चूंकि शालू गाड़ी चलाना नहीं जानती थी तो उसने सिटी बस से जाना उचित समझा। सार्वजनिक बस में आज शालू पहली बार यात्रा कर रही थी। उसकी बगल वाली सीट पर एक महिला बैठी थी, जो रंग रूप में बहुत सुंदर दिखाई दे रही थी। अपनी आदत के अनुसार शालू ने उसके साथ बोलना शुरू किया। बातों बातों में उसने बताया कि उसका नाम शर्मिला है। थोड़ी बहुत ही बात हो पाई थी कि शालू का स्टैंड आ गया। वह जाते जाते शर्मिला से मोबाईल नम्बर लेकर बाय बोलकर निकल गई।थोड़े दिन बाद शालू ने शर्मिला को फ़ोन लगाया तथा बातें करने लग गई। शर्मिला ज्यादातर व्यस्त ही रहती थी, तो बहुत कम बातें हुआ करती थी। शालू ने कभी शर्मिला से उसके परिवार और व्यवसाय के बारे में पूछा ही नहीं। शर्मिला बेवजह अपना समय खराब न करके अपने बच्चों और अपनी आईएएस की पढ़ाई पर ध्यान देती थी। जितने समय बातें होती शालू तो बस अपनी तारीफ़ के पुलिंदे बांधती रहती। मन ही मन शर्मिला की सुंदरता से ईर्ष्या करती तथा उसकी तड़क भड़क भरी स्टाइल से उसकी तरफ़ खींची चली जाती। करवा

चौथ का व्रत आने ही वाला था, शालू तैयारियों में जुटी हुई थी। व्रत के दिन हिमांशु ने घर जल्दी आने का वादा किया था। दोपहर में शालू हिमांशु का उपहार खरीदने के लिए ड्राइवर को लेकर बाजार चली गई। रास्ते में शालू ने देखा कि उसी बस स्टैंड पर शर्मिला सज धज कर खड़ी थी। दरअसल शर्मिला को भीड़ वाली जगह गाड़ी से जाना पसंद नहीं था, इसलिए वह लॉकल बस से यात्रा करती थी। उसको देखते ही शालू ने मन ही मन सोचा कि अपने के साथ पार्टी में जाने के लिए सजी हुई है और इसके पास गाड़ी नहीं है, इसलिए बस स्टैंड आई है।शालू ने उसके पास कार रोक ली तथा पूछा कि उसे कहां जाना है। शर्मिला का गंतवय स्थान रास्ते में ही था तो शालू ने उसे गाड़ी में बिठा लिया। रास्ते में दोनों ने खूब बातें की। बातों बातों में शर्मिला का घर आ गया तो वह शालू को अपने साथ जाने के लिए कहने लगी। गाड़ी इतने बड़े घर के सामने खड़ी थी कि शालू की आंखे फटी की फटी रह गई। शर्मिला ने कहा कि अंदर चलो कुछ खाकर वापिस जाना। शालू उत्सुकतावश उसके साथ चल दी। महल जैसे घर को देखकर शालू मन ही मन सोच रही थी कि शर्मिला कितनी सीधी महिला है। बिलकुल भी पैसे का घमंड नहीं है। सामने से शर्मिला के बच्चे आए और पैर छूकर शालू को प्रणाम किया। घर के नौकर तरह तरह के पकवान लेकर आवभगत में खड़े थे। सपने से बाहर आकर शालू जल्दी से नाश्ता करके घर के लिए निकल गई। आज शालू अपने आप में बहुत खुश नजर आ रही थी। शाम को हिमांशु घर आया तो शालू ने कहा कि आज तो शर्मिला की सादगी देखकर मेरा मन परिवर्तित हो गया। किसी ने सच ही कहा है कि सादगी से बढ़कर कुछ नही है। हिमांशु ने कहा चलो शुक्रिया भगवान का जो शर्मिला रूपी फरिश्ते को मेरी नखरीली शालू को शालीन शालू बनाने के लिए धरती पर भेजा।

" सरोज "

हरियाणा के एक छोटे से गांव में एक लड़का रहता रहता था, जिसका नाम रणबीर था। बचपन से ही अल्हड़ और मस्तमौला रणबीर खेती के काम से बहुत घबराता था। पढ़ने का तो मानो बिल्कुल भी मन नहीं करता था उसका। घरवाले डराकर स्कूल भेज देते तो किसी न किसी बहाने से वापिस घर भाग आता था। 7वीं कक्षा तक तो ऐसे ही चलता गया, लेकिन 8वीं की परीक्षा बोर्ड की होने के कारण घरवालों को उसकी चिंता सताने लगी। डांट फटकार लगाकर घर वाले उसे पढ़ने के लिए बिठाते थे। आखिरकार परीक्षा का समय आ ही गया था। पिताजी ने साफ कह दिया था कि अगर फेल हुआ तो खेती बाड़ी शुरू कर देना। गिर पड़ कर रणबीर तीसरी श्रेणी में पास हो गया। अब तो वह फूले नहीं समा रहा था। वादे के मुताबिक़ पिताजी ने अगली कक्षा में दाखिला करवा दिया। साथ साथ ही घरवाले शादी के लिए लड़की ढूंढने लगे। थोड़े दिन बाद सरोज के साथ रणबीर की शादी कर दी गई। सरोज पढ़ी लिखी 9वीं पास लड़की थी। रणबीर को सरोज से बहुत लगाव था। उसने खेती का काम बिलकुल छोड़ दिया तथा घर के काम में सरोज की सहायता करने लगा। उसने सरोज को भी कभी खेती का काम नहीं करने दिया। आस पड़ोस वाले सभी ताने मारना शुरू हो गए कि सारा दिन लुगाई की सेवा करता है। रणबीर ने जमाने की एक भी नहीं सुनता तथा सरोज का बहुत ध्यान रखता था। एक बार घर में पानी खत्म हो गया तो सरोज कुएं से पानी भरने चली गई। वहां सभी उसका मजाक बनाने लगे कि आज महारानी महल से बाहर कैसे निकल आई। इतनी देर में रणबीर भी दूसरा घड़ा लेकर कुएं पर पहुंच गया था। उसके दिखते ही एक औरत ने कहा कि घड़ा उठाकर तो महारानी परेशान हो जाएगी, घर में काम करने वाले नौकर लगाले। रणबीर को वह बात इतनी इतनी खटक गई कि उसने अगले दिन ही कुएं से लेकर अपने घर तक पानी की लाईन बिछवाली ताकि पानी घर तक आसानी से आ सके। अगले साल दोनो ने एक साथ 10वीं कक्षा में दाखिला ले लिया तो घरवालों ने बहुत विरोध किया कि गांव से बहु पढ़ने नहीं

जाएगी। लेकिन रणबीर ने किसी की नहीं सुनी। उसी साल दोनों ने 10वीं की परीक्षा उत्तीर्ण करली। इसके बाद घरवालों की बात को टालकर सरोज का जी एन एम में दाखिला करवा दिया। सरोज अपना कोर्स पूरा कर रही थी तभी रणबीर को रेलवे में सरकारी नौकरी मिल गई। 3 साल का कोर्स पूरा होते ही रणबीर सरोज को अपने साथ दिल्ली ले गया तथा दोनों वहीं रहने लगे। थोड़े दिन बाद घर में बच्चों की किलकार सुनाई दी तथा दो बेटियों का जन्म हुआ। दोनों अपनी बेटियों के साथ खुशी खुशी रहने लगे। सरोज ने आगे की पढ़ाई के लिए दाखिला ले लिया तथा सरकारी नौकरी की भी तैयारी करने लगी। दो साल बाद एक साथ दो खुशियों ने दस्तक दी। बहनों को छोटा भाई मिल गया तथा सरोज की सरकारी नौकरी लग गई। सरोज की पोस्टिंग गांव में हुई तो वो बच्चों के साथ वहीं रहने लगे। सरोज ने ऑफिस जाना शुरू किया तो बच्चों की देखभाल की आवश्यकता पड़ी। परिवार वालों ने कहा कि सरोज की नौकरी छुटवादो। रणबीर ने आव देखा ना ताव खुद की नौकरी से इस्तीफा दे दिया तथा बच्चों को संभालने लगा। आस पड़ोस और परिवार वाले ताने मार मार के खुद ही बंद हो गए। समय बीतने के साथ साथ दोनों की मेहनत रंग लाई तथा उनके तीनों बच्चे सरकारी नौकरी लग गए। "

" बहू और बेटी "

एक बार की बात है। मेरी पोस्टिंग मध्य प्रदेश के इंदौर शहर में हुआ करती थी। जहां मेरा परिवार रहता था, वहीं सामने एक घर था, जो भैंस पालन का कार्य करते थे। हम भी उनके यहां से ही दूध लेते थे। ज्यादातर मौहल्ले वाले दूध यहीं से लेते थे। लगभग 3 माह बाद मैं अपने पति राज के साथ गैलरी में बैठी थी। तभी उनके पीछे वाला दरवाजा खुला और उसमें से घूंघट की हुई एक महिला झाड़ू लगाने लगी। इतने बड़े शहर में घूंघट में महिला को देखकर उसके बारे में जानने की उत्सुकता हुई।इससे पहले हमने उसको पहले कभी नहीं देखा। उनके घर में बस दो लड़कियां ही दिखाई देती थी, जो छत पर घूमती रहती थी। वो दोनों बहनें पश्चिमी सभ्यता की मिसाल बनकर पेंट शर्ट, निक्कर में घूमती रहती थी तथा बाईक और स्कूटी पर बाजार भी आती जाती थी।लगभग 4 महीने बाद एक दिन वह दोबारा दिखाई दी। उसको घूंघट में देखकर पता नहीं क्यों अजीब लग रहा था। एक दिन मौका देखकर मैंने उस महिला से बात की तो पता चला कि उनके घर परिवार में बहुओं को ऐसे ही घूंघट में रहना पड़ता है तथा घर की बेटियों को पूरी छूट है। बहुओं को तो समान लाने के लिए भी घर के दूसरे सदस्य पर निर्भर रहना पड़ता है।यह सब सुनकर बहुत दुःख हुआ और साथ में अफसोस भी। कैसे आज के वैज्ञानिक युग में भी ऐसी धारणाएं पनप रही हैं। ऐसे ही एक दिन घूंघट वाली महिला की सास भतेरी से बात हुई। बातों बातों में मैंने कहा कि आप बहु को घर में कैदी की तरह क्यों रखते हो ?उसका जवाब सुनकर तो मैं और ज्यादा हैरान हो गई। वह तपाक से बोली कि यह हमारी संस्कृति है। मैं भी नई नवेली आई थी तब घूंघट में ही रहती थी। अब बुढ़ापे में जाकर बिना परदे के बाहर निकलना संभव हुआ है। हमारी पुरानी परंपराएं हैं, जिनको हम निभा रहे हैं।यह सब सुनकर मुझसे रहा नहीं गया तो पूछा कि आप अपनी बेटियों को तो कोचिंग पर भी भेजते हो, जींस शर्ट भी पहनाते हो फिर परंपराएं बहू पर ही लागू क्यों होती हैं। उनका जवाब था कि हम अपनी बेटियों को हर खुशी देंगे। मैंने कहा कि आपकी बहू भी किसी की बेटी है और आपकी बेटियां भी किसी के घर की बहू बनेंगी।

इनके ससुराल वाले इन्हें घूंघट में रखेंगे तब इनको कितनी घुटन महसूस होगी। ऐसा सुनकर वो गुस्से में आ गई और बोली कि हम अगलों से पहले ही खोल लेंगे कि हमारी बेटियां घूंघट नहीं करेंगी और नौकरी भी करेंगी।काफी देर उनको समझाया कि इनके पिता ने भी आपके यहां बेटी यही सोचकर ब्याही थी कि बेटी की तरह रखेंगे। अब उसके दिल पर भी क्या बीत रही होगी। तब तो भतेरी वहां से चली गई, लेकिन कुछ ही दिनों बाद उनमें बदलाव दिखने शुरु हो गए। अब की बार जब वह झाड़ू लगाने बाहर आई तो घूंघट को हटा रखा था। शुरु शुरू में तो उसे काफी शर्म आ रही थी, लेकिन धीरे धीरे वह भी मौहल्ले वालों से घुलने मिलने लगी। थोड़े ही दिनों बाद उसने नौकरी भी ज्वॉइन करली तथा अकेली बाहर भी निकलने लगी। यह सब देखकर हृदय को सुकून मिला कि समझाने से किसी की जिंदगी संवर गई। आज भी वह घूंघट वाली महिला मुझे देखकर मंद मंद मुस्कुराती है, जैसे मन ही मन पिंजरे से निकालने के लिए मेरा शुक्रिया अदा कर रही हो।

" भेड़ चाल कहूं या विडंबना "

मेरी घूमने की आदत और खेल टूर्नामेंट की वजह से दुनिया के काफी कोनों में घूमने का मौका मिला। विदेशी धरती से कहीं ज्यादा हमारे भारत में भेड़ चाल दिखाई देती है। विदेश में लोग खाली बैठकर समय व्यतीत करने की बजाय किसी न किसी काम में लगे रहते हैं। हमारे यहां तो हर आदमी खुद को भूलकर दूसरों का निरीक्षण करने में लगा रहता है। ऐसी ही कई घटना इस कहानी में मैं आपके साथ शेयर कर रही हूं : शाम के समय मेरा पूरा परिवार गली में घूमता था तो सामने फ्लैट की महिलाएं छुप छुप कर देखती रहती। हमें अजीब लगता तो हम सोचते कि ये चाहती क्या हैं। जब हम फ्लैट की साइड देखते तो वो दूसरी साइड मुंह फेर लेती थी। सुबह सुबह घर की छत पर कसरत करती तो सारे मौहल्ले की महिलाएं खिड़कियों में से झांकने लग जाती थी, जैसे मैं धरती से नहीं किसी दूसरे ग्रह से अभी उतर कर आई हूं।# मेरी शुरू से ही गर्मियों में निक्कर पहनने की आदत है तो मैं हमेशा यही पहनती हूं। पड़ोस की वो महिलाएं जो साड़ी पहनती हैं, उन्होंने भी देखा देखी में ट्रक शूट और निक्कर पहनना शुरू कर दिया।# जब मैं अपने पति के साथ गली में बैडमिंटन खेलती तो सारी महिलाएं बस इसी तक में रहती कि कब उनके पति ऑफिस से आएं और कब वो गली में उनके साथ बैडमिंटन खेलें।# कई बार छत पर घूमते घूमते गलती से भी किसी के घर की तरफ नज़र चली जाती तो झट्टक कर खिड़की बंद कर लेते।# मैं एक खिलाड़ी रही हूं तो बचपन से ही बॉयकॉट बाल रखे हैं। मेरे दो बच्चे हैं, जिनके साथ पार्क में घूमने जाते हैं। वहां बच्चे मम्मी मम्मी बोलते हैं तो सारे मौजूदा इंसान आंखे फाड़ फाड़ के मुझे घूरने लग जाते हैं।# गली में सारे लड़के खेलते रहते। कोई भी लड़की गली में नही घूमती थी। हमें हमारी बेटी और बेटे दोनो को खेलने के लिए भेजना शुरू किया तो धीरे धीरे और लड़कियां भी गली में आने लगी। लेकिन हमारी बिटिया ने गली में खेलना बंद किया तो और लड़कियों ने भी बंद कर दिया।# मौहल्ले के सभी आदमी गेट पर और कपड़े सुखाने के स्टैंड पर कपड़े सुखाते थे। हमने देशी स्टाइल में छत पर रस्सी बांधकर कपड़े सुखाए तो पड़ोसियों ने भी छत पर कपड़े

सुखाना चालू कर दिया।# उनको देखकर बस पुराना गाना याद आता है कि देख तेरे संसार की हालत कैसी हो गई है भगवान, अपने दुख से दुखी नहीं दुखी औरों के सुख से है इंसान।# बहुत बार विदेशी हमारे भारत में घूमने आते हैं और बहुत बार हमारी घूर घूर कर देखने वाली आदत से परेशान हो जाते हैं। मीडिया और पुस्तकों में इस बारे में कई विदेशियों ने इसका जिक्र भी किया है।# कुछ हद तक यह सही भी है, क्योंकि हम नया काम कम करना चाहते हैं तथा घिसे पिटे पुराने तरीकों से ही जिंदगी की गाड़ी चलाते रहते हैं।

" महिलाओं वाला सावन "

वैसे तो सावन का त्यौहार हमारे भारतवर्ष के हर कोने में बड़ी ही धूमधाम से मनाया जाता है। नर हो चाहे नारी हर कोई भगवान शिव की आराधना में लीन रहता है। यही सावन बारिश के आगमन का सूत्रधार होता है। इसकी रौनक भक्ति और रस में मिलकर काफी रोचक हो जाती है।शिव भक्त सावन माह में पवित्र हरिद्वार से कावड़ लाते हैं तथा बम बम भोले के नारों से सारा वातावरण आध्यात्म का केंद्र बन जाता है। शिव भक्त शिव भजनों के साथ भांग का सेवन कर अपने देवता भोले बाबा को रिझाते हैं। हरिद्वार से लाई हुई कावड़ भक्त अपने ग्रह क्षेत्र में आकर शिव मंदिर में अर्पित करते हैं।अपने बचपन में तो सावन का अलग ही आनंद आता था। रस्सी को पेड़ से बांधकर उसमें लकड़ी की फट्टी लगाकर झूला बनाकर खूब झूलते थे। गांव में इस झूले को पींग बोला जाता है। लाल रंग के छोटे छोटे जानवर घूमते थे, जिनको हम तीज कहकर पुकारते थे। एक अलग सा वहम भी बच्चों दिमाक में रहता था कि सबसे पहले पींग पर तीज को झुलाएंगे नहीं तो रस्सी टूट जाएगी।सावन के माह में तीज त्यौहार पर सारी काकी ताई चूल्हे पर गुलगुले और सुहाली बनाती थी। घर के सारे बच्चे चूल्हे के पास बैठकर ही खाते रहते थे। आज के इस वैज्ञानिक युग में वो वाली चहल पहल तो नहीं रही फिर भी महिलाओं के लिए सावन का अलग ही महत्व होता है। पूरे वर्ष महिलाएं सावन माह के आगमन का इंतजार करती हैं। ज्यादातर महिलाएं सावन के सोमवार का व्रत रखती हैं। पहले तो नई नवेली दुल्हन को शादी के बाद पहले सावन में अपने मायके में रहने का रिवाज था, जो अब धीरे धीरे विलुप्त हो रहा है। उस समय नव विवाहित जोड़े को बिछुड़न में संगी साथी खूब चिड़ाते थे।इसी माह में सिंधारा पर्व मनाया जाता है। इस त्यौहार पर लड़की के मायके से नए कपड़े, मिठाई आदि का शगुन भेजा जाता है। सावन के त्यौहार की महिलाओं के चेहरे पर अलग ही ताजगी देखी जा सकती है। सभी अपना अपना रूप संवार कर ऐसी नजर आती हैं मानो प्रकृति श्रृंगार करके सावन का इंतजार कर रही हो।सावन में झूला झूलते समय सखियां पिया का नाम लेकर नई नवेली दुल्हन को खूब रिझाती

हैं। पिया का नाम सुनकर नई नवेली का शर्माना भी गजब ढाता है। शर्म के मारे गुलाबी हुई गालों को देखकर ऐसे लगता है जैसे औंस की बूंदे चमक रही हों। इस समय उनका मुस्कुराना प्रकृति पर भी कहर ढाता है। सावन की बारिश में प्रकृति का भी अपना अलग ही अंदाज और दुर्लभ नजारा होता है। घुटे हुए काले बादलों से टिप टिप कर बारिश की बूंदे धरा पर उतरती हैं तो हर किसी का मन रोमांचित हो उठता है। लहरिए पहनकर महिलाएं सावन के गीत गाती हैं। इस समय घेवर खाने का भी अपना अलग ही मजा होता होता है।जीव जंतुओं के साथ साथ बच्चों के मन को भी सावन बहुत लुभाता है। बारिश की बूंदे गिरते ही बच्चे चिड़ियों की तरह फुदकना शुरू कर देते हैं। सभी कागज की नाव बनाकर पानी में चलाते हैं। इकट्ठे हुए बारिश के पानी में बच्चों का छप छप करना बहुत आनंदित करता है।इसी माह में रक्षाबंधन का त्यौहार भी आता है। बहनें अपने भाइयों की कलाई पर राखी बांधती हैं तथा उपहार लेने की जिद्द करती हैं। चारों तरफ़ अलग ही चहल पहल का वातावरण होता है। सब खुशी से मदमस्त होकर घूमते हैं। महिलाओं और बच्चों के लिए सावन का अपना अलग ही महत्व है।

" नासमझ प्रियंका "

उत्तर प्रदेश राज्य के हमीदा नामक गांव में एक पढ़ा लिखा परिवार रहता था। परिवार में मुखिया दिनेश उसकी पत्नी रेवती और उनकी दो बेटियां ज्योति और प्रियंका हंसी खुशी रहते थे। दिनेश और रेवती दोनों सरकारी नौकरी में थे। छोटी बेटी प्रियंका मां बाप की ज्यादा लाडली थी। दोनों प्रियंका की हर ईच्छा पूरी करने में कोई कसर नहीं छोड़ते थे। उनकी इस आदत ने प्रियंका को ज्यादा सिर चढ़ा लिया था तथा वह स्वभाव से जिद्दी होने लगी थी। गलती से अगर कोई ईच्छा समय पर पूरी नहीं होती तो वह घर को सिर पर उठा लेती थी। 10वीं कक्षा तक आते आते वह गलत संगती में पड़कर पढ़ाई में भी पिछड़ती जा रही थी। ज्यादा लाड़ प्यार का नतीजा सामने था। प्रियंका 10वीं में एक पेपर में फेल हो गई थी। घरवालों ने गुस्से में आकर उसकी पढ़ाई छुड़वा दी। एक साल वह जिद्द करके घर बैठी रही। इसके विपरित बड़ी बेटी ज्योति समय पर अपने सारे काम करती तथा पढ़ाई में भी मेहनत करके पास हो जाती थी। हालांकि ज्योति ज्यादा होशियार नहीं थी, फिर भी वह अपने सामर्थ्य के अनुसार 12वीं कक्षा तक पास हो गई थी। इसके बाद दिनेश ने काफी सोच विचार कर ज्योति का प्राइवेट ग्रेजुएशन और प्रियंका का 11वीं में दाखिला करवा दिया था।इसके साथ साथ ही घरवालों ने दोनों की शादी के लिए लड़के ढूंढने चालू कर दिए थे। पास ही के गांव में दो लड़के दीपक और नवीन पसंद आए जो सरकारी नौकरी की तैयारी कर रहे थे। लड़कों के घर वालों से बात करके दिनेश ने शादी की बात पक्की करदी।तय समय पर बारात हमीदा पहुंच चुकी थी तथा लड़की वालों ने शादी की पूरी तैयारियां कर रखी थी। समस्त रीति रिवाजों से शादी की रस्में पूरी की गई। अंत में विदाई कर दिनेश और रेवती ने अपनी बेटियों को ससुराल के लिए विदा किया।प्रियंका को पता नहीं किस चीज़ का गुस्सा आया रहता था। उसने शादी के बाद घरवालों से बात करना भी बंद कर दिया था तथा अपने पति नवीन के साथ भी ढंग से बात नहीं करती थी। ज्योति धीरे धीरे अपने ससुराल में सामंजस्य स्थापित करने की कोशिश में लगी थी।ज्योति और दीपक दोनों सरकारी नौकरी की तैयारी एक साथ

करने लगे तथा घर से दूर शहर में रहने लगे। दोनों दिन में पार्ट टाइम जॉब करते तथा शाम को साथ मिलकर पढ़ाई करते। एक दूसरे के साथ से दोनों ओर अधिक मजबूत हो रहे थे।इसके विपरित प्रियंका सारा दिन मूंह फुलाए बैठी रहती तथा नवीन को भी नहीं पढ़ने देती थी। शुरु शुरु में तो नवीन ने प्रियंका को समझने का प्रयास किया, लेकिन उसके जिद्दी स्वभाव की वजह से थक कर बैठ गया। धीरे धीरे नवीन ने भी उससे बोलना बंद कर दिया।जैसे जैसे समय बीतता गया प्रियंका के दिमाक का पारा बढ़ता ही गया और नौबत यहां तक आ गई कि दोनों की आपस में लड़ाई होने लगी। घरवाले उन दोनों को समझा समझा कर थक गए, लेकिन उनके कानों में जूं तक नहीं रेंगी। आए दिन के झगड़ों से परेशान होकर नवीन ने फैसला किया कि वह प्रियंका के साथ नही रहेगा।घरवालों ने एक बार और समझाने के लिए दोनों को बुलाया। दोनों एक ही गाड़ी से घरवालों के पास जा रहे थे, तो उनको रास्ते में एक फौजी की वीरवधू बिमला मिली जो अपने दो बच्चों के साथ बाजार जा रही थी। ये वही महिला थी, जिसका पति कुछ महीनों पहले देश की रक्षा में शहीद हो गया था।प्रियंका ने उसके साथ बात करनी चाही तो वह भी बातें करने लगी। बातों बातों में प्रियंका ने अपनी परेशानी बताई तो बिमला ने उसे बहुत प्यार से समझाया कि बिना पति के अब जीवन कितना नीरस लगता है। सब सुनकर प्रियंका रोने लगी तथा नवीन से माफी मांगने लगी। नवीन ने बिना कुछ बोले बस प्रियंका को गले लगा लिया। बिमला की समझदारी की वजह से आज दोनों का परिवार टूटने से बच गया था। तभी तो कहा जाता है कि नारी धुंधली परछाई की तरह हर कदम पर साथ निभाती है।

"घुटना मतलब गोडडा"

मेरा मायका हरियाणा में है तथा मैं जयपुर राजस्थान में रहती हूं। शहर में रहते-रहते बच्चे शुरू से ही हरियाणवी की जगह हिंदी बोलना सीख गए। मैं और मेरे पति आपस में हमारी भाषा में बात करते हैं तो बच्चे कभी कभी कोई शब्द पकड़ लेते हैं।कहते हैं ना कि हरियाणा वालों की भाषा कहीं भी चले जाओ छुपती नहीं है। कहीं ना कहीं जाकर हरियाणवी लहजा आ ही जाता है। गर्मियों की छुट्टियों की बात है। मैं अपने दोनों बच्चों काव्या और रोमित को लेकर अपने मायके गई हुई थी। शाम को खाना खाने के बाद मैं, बच्चे, मेरा भाई, मेरे मम्मी पापा सारे बैठकर बाते कर रहे थे।थोड़ी देर बाद काव्या अपने नानाजी को अपने स्कूल की बातें बताने लगी। तभी 4 साल का रोमित भी बोला, नानाजी नानाजी मेरे से भी कुछ पूछो ना। रट्टू तोते की तरह नेम, स्कूलनेम, फादरनेम, मदरनेम, फ्रूटनेम, वेजिटेबलनेम, एनिमलनेम, बर्ड्सनेम बताते बताते बॉडी पार्ट्स नेम पर आ गया। बिना रुके रोमित रट्टू तोता बन चीजें बोलता जा रहा था और नानाजी उसके मुंह की तरफ देख रहे थे।सिर से लेकर सुनाने लगा हैड, आई, माउथ, लिप्स, नोज, टीथ, हैड, फिंगर बोलते बोलते घुटने पर आकर अटक गया। दरअसल उसे घुटने का इंग्लिश नेम नहीं पता था। कई देर सोचता रहा। यह यह नानाजी नानाजी यह करता रहा। मेरे पापा बोले हां बेटा आगे बताओ क्या है यह।कुछ देर सोचकर रोमित एकदम से बोला नानाजी यह गोडडा। दरअसल हरियाणवी में घुटने को गोडडा कहा जाता है। रोमीत का इतना बोलना था कि हम सबकी हंसी छूट गई। आज भी उस किस्से को याद करते हैं तो चेहरे पर हल्की मुस्कान आ जाती है।

"जरूरत कहूं या भीख"

एक बार कहीं घूमने जाते समय लाल बत्ती पर हमारी गाड़ी खड़ी थी। जाम लंबा होने की वजह से हम पिछले 10 मिनट से वहीं खड़े थे। अचानक से मेरी नज़र एक वृद्ध आदमी की तरफ गई। फटे पुराने मतमल्ले कपड़ो से लिप्त ऐसा प्रतीत हो रहा था मानो बहुत दिनों से कुछ नहीं खाया हो।बार बार वह हमारी गाड़ी के शीशे पर हाथ मार रहा था। मै खुद भीख देने के विरोध में हूं, लेकिन उस वृद्ध आदमी की हालत देखकर मैं खुद को रोक नहीं पाई। मैंने झट से शीशा निचे किया तो वह एकदम से चिल्लाया कि मैडम कुछ पैसे दे दो बहुत भूखा हूं।मेरे मन में यही आया कि भीख देना अपराध है, लेकिन भूखे आदमी को खाना खिलाना और ज़रूरतमंद की सहायता करना नहीं। मैंने थैले में से केले और सेब निकले तथा उस आदमी की तरफ हाथ बढ़ाया। मेरे हाथ से खाने का सामान छुटा ही था कि जाम खुल गया और हमारी गाड़ी भी धीरे धीरे आगे चलने लगी।मेरे दोनों बच्चे जो पीछे के शीशे में से बाहर की तरफ झांक रहे थे, एकदम से चिल्लाए और पीछे देखने के लिए बोले। बच्चों ने बताया कि वो अंकल हमारे फलों को फुटपाथ पर रख रहें हैं। मैंने भी देखा तो मैं हैरान हो गई। उस आदमी ने फलों को फुटपाथ पर रख दिया या ये कहूं कि फेंक दिया और आगे निकल गया। धीरे धीरे हमारी गाड़ी आगे निकल गई तथा वो आदमी हमारी आंखों से ओझल हो गया।सारे रास्ते में बच्चे बस यही सवाल करते रहे कि अंकल को भूख लगी थी तो उन्होंने फल क्यों नहीं खाये, अंकल ने झूठ क्यों बोला कि भूख लगी है, क्या वो दोबारा आकर फल उठाकर ले जाएंगे। उन मासूम सवालों का मेरे पास कोई जवाब नहीं था। मै तो खुद हैरान थी कि आखिर उस आदमी ने ऐसा क्यों किया ? बार बार मेरे भी जहन में ये सवाल आता है कि क्या मैंने उस आदमी की मदद करके कुछ गलत किया या फिर उसको ज़रूरत थी ही नहीं, या ये कहूं कि उसको भीख ही चाहिए थी। शायद मैं ही भीख और ज़रूरत में फ़र्क नहीं समझ पाई।

" कोरोना "

2020 के शुरु में हम सबने मीडिया से ये सुना कि कोरोना नाम का कोई वायरस आया है, जो पूरे विश्व में फैल गया है। कोरोना का उदगम स्थल चीन को बताया गया। हर तरफ़ तबाही का मंजर दिख रहा था। त्राहि त्राहि की पुकार हर तरफ सुनाई दे रही थी। उस मंजर को याद करके आज भी दिल सहम जाता है। मैंने अपनी पुस्तक सात्विक धारा 2022 की एक कविता में इस कोरोना को वायरस ना कहकर प्रकृति का गुस्सा नाम दिया है : " प्रकृति का गुस्सा कोरोना " बच्चे, वृद्ध, नौजवान बैठे थे नव वर्ष 2020 आगमन के इंतजार में दस्तक कोरोना की मचा गई तबाही बुरी तरह हिला मानव प्रकृति की मार में,
दिखे वहीं सिर्फ मार्मिक हाहाकार सूना मंजर पसरा नगर नगर में चपेट में आए गांव और ढाणी भी मूक ताला लगा देश-विदेश भ्रमण में , सबके कदम अनायास ही रुक गए चाह कर भी बाहर निकल ना पाएं भय का वातावरण सबको हुआ महसूस खुली हवा में सांस भी ना ले पाएं, किसी ने कहा दुर्लभ वायरस इसे कोई इसे संक्रमण का खतरा बताए मीनू ने नाम दिया इसे प्रकृति की मार जो आज हम सब को भुगतनी पड़ जाए, नहीं रखा ध्यान हमने प्रकृति का तभी तो आज घुटना पड़ गया वायरस संक्रमण तो बस बहाना है गुस्सा प्रकृति का "कोरोना" जिद्द पर अड़ गया।इस भयंकर कोरोना वायरस ने भारत को भी अपने शिकंजे में कस लिया था। सरकार और समाज सेवी सब अपने अपने स्तर से हर आवश्यक वस्तु की आपूर्ति जरूरतमंदों को उपलब्ध करवा रहे थे। इतने प्रयासों के बावजूद भी गरीब भूख से बिलख रहा था।उन विकट परिस्थितियों में पुलिस वाले, मेडिकल विभाग, बैंक कर्मी, सफाई कर्मी, दमकल कर्मी, जलदाय विभाग, बिजली विभाग, समाज सेवी इत्यादि अपनी जान की परवाह न करते हुए लोगों को आवश्यक सेवाएं उपलब्ध करवा रहे थे।मैं खुद बैंक कर्मी हूं, तो पूरे कोरोना काल में अपनी ड्यूटी निभाई थी। शुरू शुरू में तो लोग डरे हुए घूमते थे, लेकिन बाद में उन्होंने भी कोरोना का मजाक बना लिया था। बैंक में हम ग्राहक को मास्क लगाने, दूरी बनाए रखने, हाथों को सेनेटाइज करने इत्यादि का निवेदन करते, लेकिन कोई मानने

को ही तैयार नहीं था।जब कोरोना अपने पीक पर आया तब सभी वर्ग के लोगों को अपनी चपेट में ले लिया तथा सबको चारदीवारी में घुट घुट कर रहने को मजबूर कर दिया। कोरोना ने अमीर, गरीब, राजा, रंक, भिखारी, व्यापारी, नौकरी पेशा, निम्न वर्ग, मोटा, पतला, लंबा, नाटा, काला, सफेद सबको एक ही नजर से देखकर लपेटना चालू कर दिया।व्यस्त आदमी जो हमेशा कहता घूमता था कि मेरे पास मरने का ही समय नहीं है, आज वो भगवान से जीने की दुआ कर रहा था तथा घर में कैद होकर टाईम पास करने के साधन खोज रहा था। प्रकृति ने भी हम मानव के साथ खूब मजाक किया। जो दुख हमने पेड़ काटकर, प्रदूषण फैलाकर प्रकृति को दिए, उन सबका बदला उसने ले लिया।हमने कभी सपने में भी नहीं सोचा था कि हमे मूंह पास मास्क लगाकर कृत्रिम हवा के लिए दर दर भटकना पड़ेगा। ऐसा प्रतीत हो रहा था मानो सारी फिजाओं में जहर फैला हुआ है। आवश्यक सेवाओं वाले कर्मचारियों को ड्यूटी के बाद घर जाकर परिवार से अलग रहना पड़ता था। कड़ी परीक्षा के दौर से मानव उस समय गुजरा था।मैंने अपनी कविता में भी लिखा है कि इसका जिम्मेदार कहीं ना कहीं जाकर मानव ही है। हमने ही तो धरती माता का सीना छलनी किया है, हम ही तो ध्वनि, वायु, जल, शोर प्रदूषण फैलाते हैं, पेड़ों को भी हम ही काटते हैं, हमने ही सारे वातावरण को नशे के धुएं से ज़हरीला किया है, इन सबकी सजा प्रकृति ने कोरोना के रूप में हमको दे दी। सब और सिर्फ भय का माहौल बना हुआ था। अपने प्यारे अनेकों छूटते चले गए।इन सबके पीछे कई लोग ऐसे भी थे जिनको ना कोरोना का डर था, ना ही कोई चिंता। ऐसे लोग कोई मास्क चुरा रहा था, कोई डकैती कर रहा था, कोई शराब पी रहा था, कोई नन्ही बच्चियों के साथ दरिंदगी कर रहा था, कोई फायदा उठाकर 2 रुपए की चीज 10 रुपए में बेच रहा था। कोई संक्रमित होकर दूसरों पर थूक कर भाग रहा था तो कोई दूसरों में संक्रमण फ़ैलाने का नित नए प्रयोग कर रहा था।सही में इंसान कभी नहीं सुधर सकता और न ही कभी उसकी भूख पूरी होती। कोई नकली सेनेटाइजर बनाकर बेच रहा था। ऐसे लोगों को मौत की भी परवाह नहीं थी। शादी, ब्याह, जलसा, खुशी और गम का हर उत्सव बंद हो गया था। सच में प्रकृति का कलेजा फटने को हो रहा था तथा वह

चिल्ला रही थी कि ही नर ! क्यों मेरा दोहन किया।आज की इस भाग दौड़ भरी जिंदगी में किसी के पास समय नहीं था। कोई पैसा कमाने की होड़ में व्यस्त था तो कोई पेट पालने के लिए मजबूरन अपने परिवार से दूर था। कोरोना ने सबको फ्री कर दिया कि जाओ अब तुम्हारे पास कोई काम नहीं है। आराम से अपने परिवार का साथ समय बिताओ।शरीर से कमजोर आदमी जल्दी कोरोना की चपेट में आ रहा था तथा स्वस्थ आदमी कोरोना को टक्कर दे रहा था। हम व्यस्त जिंदगी में व्यायाम और कसरत को भूल गए थे, लेकिन कोरोना ने हमें याद दिला था कि शुद्ध खाना पीना और शारीरिक व्यायाम हमारे शरीर के लिए कितना आवश्यक है।कोरोना से मौत होने के बाद डॉक्टर प्लास्टिक में पैक होकर लाश का अंतिम संस्कार कर देते थे, परिवार को तो अंतिम दर्शन की भी अनुमति नहीं थी। शायद ही किसी ने प्रकृति के इस भयंकर तांडव के बारे में सोचा होगा। कोरोना लॉक डाउन की अवधि के बारे में सोचते हैं तब आज भी रौंगटे खड़े हो जाते हैं। हे प्रभु ! ऐसा प्रकोप दोबारा कभी मत दिखाना।